最新法律文件解读丛书

刑 事
法律文件解读

XINGSHI FALÜ WENJIAN JIEDU

人民法院出版社 编

总第228辑　2024.06

人民法院出版社

图书在版编目（CIP）数据

刑事法律文件解读. 总第228辑 / 人民法院出版社编. -- 北京：人民法院出版社，2024. 10. -- （最新法律文件解读丛书）. -- ISBN 978-7-5109-4229-7

Ⅰ. D924.05；D925.205

中国国家版本馆CIP数据核字第2024H7P557号

刑事法律文件解读·总第 228 辑
人民法院出版社　编

责任编辑	杨晓燕
出版发行	人民法院出版社
地　　址	北京市东城区东交民巷 27 号　邮编　100745
电　　话	（010）67550508（责任编辑）　67550558（发行部查询）
	65223677（读者服务部）
客服 QQ	2092078039
网　　址	http://www.courtbook.com.cn
E - mail	courtbook@ sina. com
印　　刷	三河市国英印务有限公司
经　　销	新华书店
开　　本	787 毫米×1092 毫米　1/16
字　　数	115 千字
印　　张	8
版　　次	2024 年 10 月第 1 版　2024 年 10 月第 1 次印刷
书　　号	ISBN 978-7-5109-4229-7
定　　价	28.00 元

卷首语

2024年5月26日，最高人民法院、最高人民检察院、公安部、国家安全部、司法部联合印发《关于依法惩治"台独"顽固分子分裂国家、煽动分裂国家犯罪的意见》（以下简称《意见》），《意见》深入贯彻习近平法治思想和新时代党解决台湾问题的总体方略，根据反分裂国家法和刑法、刑事诉讼法等法律规定，对依法惩治"台独"顽固分子分裂国家、煽动分裂国家犯罪的总体要求、定罪量刑标准和程序规范等作出具体规定。本辑重点收录了该《意见》，为司法办案提供明确指引。同时，本辑还收录了《最高人民法院、最高人民检察院、公安部关于办理医保骗保刑事案件若干问题的指导意见》的解读文章，便于办理相关刑事案件的人员在司法实践中正确理解与适用。

在"部门规章、规章性文件与解读"栏目，本辑收录了《国家监察委员会、最高人民法院、最高人民检察院、外交部、公安部、国家安全部、司法部印发〈关于实施《中华人民共和国国际刑事司法协助法》若干问题的规定（试行）〉的通知》；在"指导案例、典型案例与解读"栏目，本辑收录了《最高人民法院关于发布第40批指导性案例的通知》、解读文章及其答记者问，供相关领域工作人员在审理类似案件时借鉴参考。

此外，在"最新立法、司法动态"栏目，本辑收录了《反洗钱法（修订草案）征求意见》，方便广大读者研究学习。

最新法律文件解读丛书
编 辑 部

兰丽专　　（010）67550626

丁丽娜　　（010）67550608

杨晓燕　　（010）67550508

杨　洁　　（010）67550656

路建华　　（010）67550697

丁塞峨　　（010）67550656

投稿邮箱：

《刑事法律文件解读》　　5184621@qq.com

《民事法律文件解读》　　1216921515@qq.com

《商事法律文件解读》　　shangshijiedu@126.com

《行政与执行法律文件解读》　　1290312696@qq.com

目录

司法解释、司法指导性文件与解读

最高人民法院　最高人民检察院　公安部　国家安全部　司法部
印发《关于依法惩治"台独"顽固分子分裂国家、煽动分裂
国家犯罪的意见》的通知
（2024年5月26日） ································· *1*

最高人民法院　最高人民检察院　公安部　中国证券监督管理委员会
关于印发《关于办理证券期货违法犯罪案件工作若干问题的
意见》的通知
（2024年4月16日） ································· *6*

解读《最高人民法院、最高人民检察院、公安部关于办理
医保骗保刑事案件若干问题的指导意见》
································ 陈鸿翔　陈学勇　付想兵 *15*

部门规章、规章性文件与解读

国家监察委员会　最高人民法院　最高人民检察院　外交部　公安部
国家安全部　司法部
印发《关于实施〈中华人民共和国国际刑事司法协助法〉
若干问题的规定（试行）》的通知
（2024年4月22日） ································· *30*

指导案例、典型案例与解读

最高人民法院
关于发布第 40 批指导性案例的通知
（2024 年 5 月 30 日）·· 39

聚焦守护未成年人健康成长
——最高人民法院第 40 批指导性案例
（指导性案例 225—229 号）的理解与参照
·· 喻海松　贾玉慧　师晓东　吕晓蕾 54

做实一体保护、做好审判延伸　全方位守护未成年人健康成长
——最高人民法院研究室负责人就首批未成年人司法保护
专题指导性案例答记者问 ·· 69

最高人民检察院
关于印发检察机关依法惩治涉工程建设领域黑恶犯罪
典型案例的通知
（2024 年 5 月 8 日）·· 77

最新立法司法动态

反洗钱法（修订草案）征求意见·· 103

司法解释、司法指导性文件与解读

最高人民法院　最高人民检察院　公安部　国家安全部　司法部
印发《关于依法惩治"台独"顽固分子分裂国家、煽动分裂国家犯罪的意见》的通知

2024 年 5 月 26 日　　　　　　　　　　法发〔2024〕8 号

各省、自治区、直辖市高级人民法院、人民检察院、公安厅（局）、国家安全厅（局）、司法厅（局），解放军军事法院、军事检察院，新疆维吾尔自治区高级人民法院生产建设兵团分院、新疆生产建设兵团人民检察院、公安局、国家安全局、司法局：

　　为依法惩治"台独"顽固分子分裂国家、煽动分裂国家犯罪，切实维护国家主权、统一和领土完整，根据《反分裂国家法》和《中华人民共和国刑法》、《中华人民共和国刑事诉讼法》等法律以及相关司法解释的规定，结合工作实际，最高人民法院、最高人民检察院、公安部、国家安全部、司法部联合制定了《关于依法惩治"台独"顽固分子分裂国家、煽动分裂国家犯罪的意见》，现予以印发，请认真贯彻执行。

关于依法惩治"台独"顽固分子分裂国家、煽动分裂国家犯罪的意见

为依法惩治"台独"顽固分子分裂国家、煽动分裂国家犯罪，切实维护国家主权、统一和领土完整，根据《反分裂国家法》和《中华人民共和国刑法》、《中华人民共和国刑事诉讼法》等法律以及相关司法解释的规定，结合工作实际，制定本意见。

一、总体要求

1. 世界上只有一个中国，台湾是中国领土不可分割的一部分。极少数"台独"顽固分子大肆进行"台独"分裂活动，严重危害台湾海峡地区和平稳定，严重损害两岸同胞共同利益和中华民族根本利益。人民法院、人民检察院、公安机关、国家安全机关和司法行政机关要充分发挥职能作用，依法严惩"台独"顽固分子分裂国家、煽动分裂国家犯罪，坚决捍卫国家主权、统一和领土完整。

二、准确认定犯罪

2. 以将台湾从中国分裂出去为目的，组织、策划、实施下列行为之一的，依照刑法第一百零三条第一款的规定，以分裂国家罪定罪处罚：

（1）发起、建立"台独"分裂组织，策划、制定"台独"分裂行动纲领、计划、方案，指挥"台独"分裂组织成员或者其他人员实施分裂国家、破坏国家统一活动的；

（2）通过制定、修改、解释、废止台湾地区有关规定或者"公民投票"等方式，图谋改变台湾是中国一部分的法律地位的；

（3）通过推动台湾加入仅限主权国家参加的国际组织或者对外进行官方往来、军事联系等方式，图谋在国际社会制造"两个中国"、"一中一台"、"台湾独立"的；

（4）利用职权在教育、文化、历史、新闻传媒等领域大肆歪曲、篡改台湾是中国一部分的事实，或者打压支持两岸关系和平发展和国家统一的政党、团体、人员的；

（5）其他图谋将台湾从中国分裂出去的行为。

3. 在"台独"分裂犯罪集团中起组织、策划、指挥作用的，应当认定为刑法第一百零三条第一款规定的"首要分子"。

4. 实施本意见第二条规定的行为，具有下列情形之一的，应当认定为刑法第一百零三条第一款规定的"罪行重大"：

（1）直接参与实施"台独"分裂组织主要分裂活动的；

（2）实施"台独"分裂活动后果严重、影响恶劣的；

（3）其他在"台独"分裂活动中起重大作用的。

5. 实施本意见第二条规定的行为，具有下列情形之一的，应当认定为刑法第一百零三条第一款规定的"积极参加"：

（1）多次参与"台独"分裂组织分裂活动的；

（2）在"台独"分裂组织中起骨干作用的；

（3）在"台独"分裂组织中积极协助首要分子实施组织、领导行为的；

（4）其他积极参加的。

6. 实施本意见第二条规定行为的，对首要分子或者罪行重大的，处无期徒刑或者十年以上有期徒刑，其中对国家和人民危害特别严重、情节特别恶劣的，可以判处死刑；对积极参加的，处三年以上十年以下有期徒刑；对其他参加的，处三年以下有期徒刑、拘役、管制或者剥夺政治权利。

7. 以将台湾从中国分裂出去为目的，实施下列行为之一的，依照刑法第一百零三条第二款的规定，以煽动分裂国家罪定罪处罚：

（1）顽固宣扬"台独"分裂主张及其分裂行动纲领、计划、方案的；

（2）其他煽动将台湾从中国分裂出去的行为。

8. 实施本意见第七条规定的行为，情节严重、造成严重后果或者造成特别恶劣影响的，应当认定为刑法第一百零三条第二款规定的"罪行重大"。

9. 实施本意见第七条规定行为的，处五年以下有期徒刑、拘役、管制或者剥夺政治权利；首要分子或者罪行重大的，处五年以上有期徒刑。

10. 实施本意见第二条、第七条规定行为的，可以并处没收财产。

11. 与外国或者境外机构、组织、个人相勾结实施本意见第二条、第七条规定行为的，依照刑法第一百零六条的规定从重处罚。

12. "台独"顽固分子分裂国家、煽动分裂国家的犯罪行为有连续或者继续状态的，追诉期限从犯罪行为终了之日起计算。在公安机关、国家安全机关立案侦查或者人民法院受理案件以后，逃避侦查或者审判的，不受追诉期限的限制。

三、正确适用程序

13. 应当逮捕的犯罪嫌疑人如果在逃，公安机关、国家安全机关可以发布通缉令，采取有效措施，追捕归案。

14. 犯罪嫌疑人、被告人自愿如实供述自己的罪行，承认指控的犯罪事实，愿意接受处罚的，可以依法从宽处理。

15. "台独"顽固分子主动放弃"台独"分裂立场，不再实施"台独"分裂活动，并采取措施减轻、消除危害后果或者防止危害扩大，符合刑事诉讼法第一百八十二条第一款规定的，可以撤销案件、不起诉或者对涉嫌数罪中的一项或多项不起诉。

16. 犯罪嫌疑人、被告人依法享有辩护权利，除自己行使辩护权以外，还可以委托一至二人作为辩护人。

17. 对于需要及时进行审判，经最高人民检察院核准的"台独"顽固分子分裂国家、煽动分裂国家犯罪案件，犯罪嫌疑人、被告人在境外，公安机关、国家安全机关移送起诉，人民检察院认为犯罪事实已经查清，证据确实、充分，依法应当追究刑事责任的，可以向人民法院提起公诉。人民法院进行审查后，对于起诉书中有明确的指控犯罪事实，符合缺席审判程序适用条件的，应当决定开庭审判。

前款案件，由最高人民法院指定的中级人民法院组成合议庭进行审理。

18. 对人民检察院依照刑事诉讼法第二百九十一条第一款的规定提起公诉的"台独"顽固分子分裂国家、煽动分裂国家犯罪案件，人民法院立案后，应当将传票和起诉书副本送达被告人。传票和起诉书副本送达后，被告人未按要求到案的，人民法院应当开庭审理，依法作出判决，并对违法所得及其他涉案财产作出处理。

19. 人民法院缺席审判"台独"顽固分子分裂国家、煽动分裂国家犯罪案件，被告人有权委托或者由近亲属代为委托一至二名辩护人。在境外委托的，应当依照有关规定对授权委托进行公证、认证。

被告人及其近亲属没有委托辩护人的，人民法院应当通知法律援助机构指派律师为被告人提供辩护。被告人及其近亲属拒绝法律援助机构指派的律师辩护的，人民法院应当查明原因。理由正当的，应当准许，但被告人或者其近亲属应当在五日以内另行委托辩护人；被告人及其近亲属未另行委托辩护人的，人民法院应当在三日以内通知法律援助机构另行指派律师为其提供辩护。

20. 人民法院缺席审判"台独"顽固分子分裂国家、煽动分裂国家犯罪案件，应当将判决书送达被告人及其近亲属、辩护人。被告人或者其近亲属不服判决的，有权向上一级人民法院上诉。辩护人经被告人或者其近亲属同意，可以提出上诉。

人民检察院认为人民法院的判决确有错误的，应当向上一级人民法院提出抗诉。

四、附则

21. 对于"台独"顽固分子实施的资助危害国家安全犯罪活动罪等其他犯罪，可以参照本意见办理。

22. 本意见自发布之日起施行。

最高人民法院　最高人民检察院　公安部 中国证券监督管理委员会 关于印发《关于办理证券期货违法犯罪案件工作若干问题的意见》的通知

（2024年4月16日）

各省、自治区、直辖市高级人民法院、人民检察院、公安厅（局），解放军军事法院、解放军军事检察院，新疆维吾尔自治区高级人民法院生产建设兵团分院，新疆生产建设兵团人民检察院、公安局，中国证监会各省、自治区、直辖市、计划单列市监管局，上海、深圳专员办，稽查总队：

为全面贯彻党的二十大精神，认真贯彻中央经济工作会议、中央金融工作会议精神,依法打击证券期货违法犯罪,保障资本市场健康发展,最高人民法院、最高人民检察院、公安部、中国证券监督管理委员会联合制定了《关于办理证券期货违法犯罪案件工作若干问题的意见》。现予以印发,请结合实际认真贯彻执行。在执行中遇到的新情况、新问题,请及时分别报告最高人民法院、最高人民检察院、公安部、中国证券监督管理委员会。

最高人民法院 最高人民检察院 公安部
中国证券监督管理委员会
关于办理证券期货违法犯罪案件工作若干问题的意见

为依法从严打击证券期货违法犯罪活动,维护资本市场秩序,加强行政执法与刑事司法衔接工作,完善执法司法部门配合制约机制,根据有关法律规定,结合执法司法实践,制定本意见。

一、总体要求

1. 坚持零容忍要求,依法从严打击证券期货违法犯罪活动。加大查处力度,坚持应移尽移、当捕则捕、该诉则诉,严格控制缓刑适用,加大财产刑适用和执行力度,最大限度追赃挽损,完善全链条打击、全方位追责体系。正确贯彻宽严相济刑事政策,坚持"严"的主基调,依法认定从宽情节,实现政治效果、法律效果和社会效果的有机统一。

2. 加强工作协同,形成工作合力。人民法院、人民检察院、公安机关、证券期货监管机构要坚持分工负责、互相配合、互相制约,健全完善工作机制,切实强化证券期货刑事案件的移送、侦查、起诉和审判工作,坚持以审判为中心,不断强化证据和程序意识,有效加强法律监督,确保严格执法,公正司法。要坚持统筹协调,充分发挥各部门职能作用,将依法办案与防范化解金融风险相结合,维护经济金融安全和社会稳定。

3. 凝聚执法司法共识,提升专业化水平。人民法院、人民检察院、公安机关、证券期货监管机构通过联合制定规范性文件、联合发布典型案例等方式,明确执法办案标准和政策把握尺度,统一法律理解与适用。优化机构设置,加强办案基地、审判基地建设,充实一线办案力量。加强执法司法队伍专业化建设,提升专业化水平。

二、行政执法与刑事司法的衔接

4. 证券期货监管机构发现涉嫌犯罪依法需要追究刑事责任的,应当及时向公安机关移送。移送案件时应当附有以下材料:移送书、涉案物品清单以及证据材料,已经作出行政处罚决定或者市场禁入决定的,应当附有行政处罚决定书、市场禁入决定书等。同时,应当将移送书、行政处罚决定书、市场禁入决定书抄送同级人民检察院。人民检察院依法对证券期货监管机构移送案件活动实施监督。

5. 公安机关对证券期货监管机构移送的案件,认为有犯罪事实需要追究刑事责任的,应当及时立案。上级公安机关指定管辖或者书面通知立案的,应当在要求的期限内立案。公安机关决定不予立案的,证券期货监管机构可以申请复议,人民检察院依法对公安机关立案活动和侦查活动实施监督。

6. 公安机关决定不予立案或者撤销案件、人民检察院决定不起诉、人民法院判决无罪或者免予刑事处罚,有证据证明存在证券期货违法行为,根据证券期货法律法规需要给予涉案人员行政处罚、没收违法所得、市场禁入等处理的,应当在作出决定、判决的一个月内提出意见并附生效法律文书、证据材料、处理根据,按照下列情形移送证券期货监管机构处理:

(1)案件系中国证券监督管理委员会移送公安部的,由地方公安机关层报公安部移送中国证券监督管理委员会依法处理，或者由地方人民检察院、人民法院移送原负责相关案件调查的证券期货监管机构依法处理。

（2）案件系省级及以下公安机关自行受理的，由省级公安机关，或者作出决定的人民检察院、人民法院移送本地证券期货监管机构依法处理。

证券期货监管机构应当将处理情况及时向移送案件的公安机关、人民检察院、人民法院书面通报并附相关法律文书。

三、刑事案件的管辖

7. 证券期货犯罪的第一审案件由中级人民法院管辖，同级人民检察院负责提起公诉，地（市）级以上公安机关负责立案侦查。

8. 几个公安机关都有权管辖的证券期货犯罪案件，由最初受理的公安机关管辖，必要时可以移送主要犯罪地的公安机关管辖。如果由犯罪嫌疑人居住地的公安机关管辖更为适宜的，可以由犯罪嫌疑人居住地的公安机关管辖。发生争议的协商解决，协商不成的由共同的上级公安机关指定管辖。

9. 证券期货犯罪的犯罪地，包括以下情形：证券期货账户及保证金账户开立地；交易申报指令发出地、撮合成交地；交易资金划转指令发出地；交易证券期货品种挂牌上市的证券期货交易场所所在地、登记结算机构所在地；交易指令、内幕信息的传出地、接收地；隐瞒重要事实或者虚假的发行文件、财务会计报告等信息披露文件的虚假信息编制地、文件编写和申报地、注册审核地，不按规定披露信息的隐瞒行为发生地；犯罪所得的实际取得地、藏匿地、转移地、使用地、销售地；承担资产评估、会计、审计、法律服务、保荐等职责的中介组织提供中介服务所在地。

10. 居住地包括户籍所在地、经常居住地。单位登记的住所地为其居住地，主要营业地或者主要办事机构所在地与登记的住所地不一致的，主要营业地或者主要办事机构所在地为其居住地。

11. 具有下列情形之一的，人民法院、人民检察院、公安机关可以在职责范围内并案处理：

（1）一人犯数罪的；

（2）共同犯罪的；

（3）共同犯罪的犯罪嫌疑人、被告人还实施其他犯罪的；

（4）多个犯罪嫌疑人、被告人实施的犯罪存在关联，并案处理有利于查明案件事实的。

12. 上级公安机关指定下级公安机关立案侦查的案件，需要逮捕犯罪嫌疑人的，由侦查该案件的公安机关提请同级人民检察院审查批准，同级人民检察院应当受理。

公安机关侦查终结移送审查起诉，同级人民检察院经审查认为需要指定审判管辖或者移送其他人民检察院起诉的，按照有关规定办理。

13. 充分发挥办案基地、审判基地专业化办案优势。加大向证券期货犯罪办案基地交办案件的力度，依法对证券期货犯罪案件适当集中管辖。对于由犯罪地或者犯罪嫌疑人、被告人居住地以外的司法机关管辖更为适宜的，原则上指定办案基地、审判基地公安机关、人民检察院、人民法院侦查、起诉、审判。公安机关、人民检察院、人民法院的办案基地、审判基地所在地一致的，适当简化各环节指定管辖的办理手续，加快办理进度。

四、证据的收集、审查与运用

14. 证券期货违法犯罪行为具有专业、隐蔽的特征，为揭露证实违法犯罪，对可以用于证明案件事实的证据应当做到"应收集尽收集、尽早收集"。在侦查证券期货犯罪案件时发现犯罪嫌疑人另有其他罪行的，除依法移交有管辖权的部门处理以外，应当一并进行全面侦查取证。

15. 注重收集提取物证、书证、电子数据等客观证据。收集提取电子数据应当遵守法定程序、遵循有关技术标准，保证电子数据的真实性、合法性、完整性。

证券交易场所、期货交易场所、证券登记结算机构、期货保证金监控机构以及证券公司、期货公司留存的证券期货委托记录、交易记录、交易终端设备信息和登记存管结算资料等电子数据，调取时应当以电子光盘或者其他载体复制原始数据，附制作方法、制作时间、制作人、完整性校验值等说明，并由制作人和原始电子数据持有人签名或盖章。

发行人、上市公司或者其他信息披露义务人在证券交易场所的网站和符合证券期货监管机构规定条件的媒体发布的信息披露公告，其打印件或者据此制作的电子光盘、其他载体，经核对无误并附来源、制作人、制作时间、制作地点等说明的，可以作为刑事证据使用。

16. 证券期货监管机构在行政执法中，虽未能调取到直接证明证券期货违法行为的证据，但其他证据高度关联、相互印证，形成证据链条的，可以根据明显优势证据标准综合认定违法事实。

公安机关、人民检察院、人民法院办理证券期货犯罪案件，应当做到犯罪事实清楚，证据确实、充分。没有犯罪嫌疑人、被告人供述，证据确实、充分的，可以认定案件事实。

办理涉众型证券期货违法犯罪案件，因客观条件限制无法逐一收集言词证据的，可以根据已依法收集并查证属实的客观证据、言词证据，综合认定资金数额、损失数额等犯罪事实。

17. 行政机关在行政执法和查办案件过程中收集的物证、书证、视听资料、电子数据等客观性证据材料，经法定程序查证属实且收集程序符合有关法律、行政法规规定的，在刑事诉讼程序中可以作为定案的根据。

18. 公安机关、人民检察院、人民法院可以就案件涉及的证券期货专业问题，商请证券期货监管机构出具专业认定意见，作为认定案件事实的参考。证券期货监管机构作出行政处罚的案件，进入刑事诉讼程序后主要事实和证据没有发生重大变化的，公安机关、人民检察院、人民法院可以参考行政处罚决定的认定意见。

出具专业认定意见不是办理证券期货刑事案件的必经程序。公安机关、人民检察院、人民法院应当依法认定案件事实的性质，没有专业认定意见的，不影响案件的侦查终结、提起公诉和作出判决。

五、坚持依法从严打击

19. 深刻认识证券期货犯罪对金融管理秩序和金融安全的严重危害，坚持依法从严惩处，充分发挥刑罚的惩治和预防功能。对具有不如实供述罪行或者以各种方式阻碍办案工作，拒不退缴赃款赃物或者将赃款赃物用于非法活动，非法获利特别巨大，多次实施证券期货违法犯罪，造成上市公司退市、投资人遭受重大损失、可能引发金融风险、严重危害金融安全等恶劣社会影响或者严重危害后果等情形的犯罪嫌疑人、被告人，一般不适用相对不起诉、免予刑事处罚和缓刑。

20. 依法从严从快从重查处财务造假、侵占上市公司资产、内幕交易、操纵市场和证券欺诈等违法犯罪案件。证券发行人、控股股东、实际控制人、董事、监事、高级管理人员、金融从业人员等实施证券期货违法犯罪的，应当依法从严惩处。全链条打击为财务造假行为提供虚假证明文件、金融票证等的中介组织、金融机构，为内幕交易、操纵证券期货市场犯罪实施配资、操盘、荐股等配合行为的职业团伙，与上市公司内外勾结掏空公司资产的外部人员，构成犯罪的，应当依法追究刑事责任。

21. 正确贯彻宽严相济刑事政策，做到罚当其罪、罪责刑相适应。对于积极配合调查、如实供述犯罪事实、主动退赃退赔、真诚认罪悔罪的，依法可以从宽处罚；符合认罪认罚从宽适用范围和条件的，依照刑事诉讼法的规定处理。依法认定自首、立功、从犯等法定从宽处罚情节，不得降低认定标准。

22. 加大财产刑适用和执行力度，人民检察院提出量刑建议、人民法院作出判决，要注重自由刑与财产刑、追缴违法所得并用，加大对证券期货犯罪分子的经济处罚和财产执行力度。人民检察院、人民法院可以根据犯罪嫌疑人、被告人犯罪情况和预防再犯罪的需要，依法提出从业禁止建议，作出从业禁止决定。

六、完善协作配合机制

23. 完善办案协作机制。证券期货监管机构和公安机关对于可能涉嫌证券期货犯罪线索，可以通过联合情报导侦方式，综合运用数据资源和信息化手段，协同开展行政调查和刑事核查活动。各级人民法院、人民检察院、公安机关和证券期货监管机构根据办案需要并依法履行相关手续，查询涉案证券期货账户交易信息、相关人员的户籍和出入境等涉案信息，调取案件材料，以及商请向被采取刑事强制措施的犯罪嫌疑人、被告人代为送达法律文书、代为询问，咨询专业性问题的，应当依法互相协助。

24. 建立健全信息通报机制。证券期货监管机构、公安机关、检察机关加强配合协同，注重运用现代科技手段，依法及时通报案件移送、办理信息及协作需求，依托大数据智能化应用技术，开展资源整合共享，合力提高办案质效。

25. 建立健全执法司法联合专项行动机制。人民检察院、公安机关和证券期货监管机构根据工作需要开展联合专项行动，集中整治重点环节、新兴领域、高发类型等违法犯罪活动；联合挂牌督办大案要案，及时回应市场关切，发挥震慑作用。

26. 建立健全工作会商机制。人民法院、人民检察院、公安机关和证券期货监管机构建立不同层级的会商制度，解决工作中遇到的法律适用、证明标准等争议问题，消除工作配合制约过程中的分歧；分析研判违法犯罪态势，提出治理对策，共同提高工作质效。

27. 以暴力、威胁方法阻碍证券期货监管机构工作人员依法执行职务的，公安机关应当依法处理，构成犯罪的，依法追究刑事责任。

28. 人民法院、人民检察院、公安机关要结合工作实际，进一步健全办案机构，加强办案力量，加大办案工作力度。要加强证券期货犯罪工作公安、司法队伍专业化建设，鼓励、支持省级人民法院、人民检察院、公安机关辖区内专业办案能力建设和培养，充分发挥办案基地、审判基地示范效应。通过联合调研、联合培训、发布典型案例、制定规范性文件等方式，进一步统一执法司法标准与尺度，提高办理证券期货犯罪案件的能力和水平。

七、附则

29. 人民法院、人民检察院、公安机关、证券期货监管机构办理证券期货违法犯罪案件，适用本意见。

30. 本意见所指的证券期货犯罪，包括刑法第一百六十条、第一百六十一条、第一百六十九条之一、第一百七十八条第二款、第一百七十九条、第一百八十条、第一百八十一条、第一百八十二条、第一百八十五条之一第一款、第二百二十九条（仅限涉及证券期货业务）规定的犯罪。

31. 本意见自公布之日起施行，2011年4月27日发布的《关于办理证券期货违法犯罪案件工作若干问题的意见》（证监发〔2011〕30号）同时废止。

解读《最高人民法院、最高人民检察院、公安部关于办理医保骗保刑事案件若干问题的指导意见》

陈鸿翔　陈学勇　付想兵[*]

2024年2月28日，最高人民法院、最高人民检察院、公安部联合印发《关于办理医保骗保刑事案件若干问题的指导意见》（法发〔2024〕6号，以下简称《意见》）。为便于司法实践中正确理解和适用，现就《意见》的制定背景、制定原则和重点内容介绍如下。

一、《意见》的制定背景和过程

医保基金是人民群众的"看病钱""救命钱"，事关广大群众的切身利益，事关医疗保障制度健康持续发展，事关国家长治久安。医保骗保犯罪严重危害医疗保障基金安全，损害人民群众医疗保障合法权益。党中央高度重视医保骗保问题，中央领导同志就整治医保骗保问题作出重要指示批示，中央政法委对深化基本医保骗保问题专项整治工作作出部署。最高人民法院、最高人民检察院、公安部等部门切实贯彻党中央部署要求，深入开展医保骗保问题专项整治，取得重要阶段性成效。

为依法惩治医保骗保犯罪，维护医疗保障基金安全，最高人民法院牵头会同最高人民检察院、公安部在深入调研、充分论证的基础上，起草制定了《意见》，进一步明确医保骗保犯罪定罪处罚、法律适用、政

---

[*] 作者单位：最高人民法院。

策把握、办案要求及有关工作制度机制等相关问题。在《意见》历时两年多的起草制定过程中，最高人民法院广泛征求了全国法院、检察院意见，多次征求国家卫健委、国家医保局意见，组织召开座谈会，听取医药公司、医疗机构和药店代表意见建议，不断修改完善。《意见》经最高人民法院审判委员会刑事审判专业委员会第473次会议、最高人民检察院第十四届检察委员会第26次会议讨论通过，从印发之日起施行。

二、制定《意见》的主要考虑和原则

《意见》坚持以习近平新时代中国特色社会主义思想为指导，深入贯彻习近平法治思想，严格执行法律和司法解释的相关规定，制定《意见》的主要考虑和原则如下。

一是坚持法治思维。深入贯彻习近平法治思想，坚持以人民为中心，突出严格依法办理医保骗保刑事案件，切实贯彻落实宽严相济刑事政策和认罪认罚从宽制度，做到区别对待、区别处理，努力实现政治效果、法律效果和社会效果有机统一。

二是坚持罪刑法定原则。准确适用刑法及相关司法解释，在法律、司法解释框架内，进一步明确医保骗保犯罪的定罪处罚等法律适用问题，确保《意见》内容符合法律、司法解释的相关规定。

三是坚持问题导向。以解决司法实践中存在的问题为出发点，最高人民法院在全国法院就医保骗保犯罪审理情况进行深入调查研究和司法大数据分析，结合调研发现的法律适用、定罪处罚、政策把握等方面存在的重点难点问题，充分研究论证，明确相关规定。

四是坚持系统治理。医保骗保犯罪危害性大、涉及面广，必须综合运用行政、刑事手段，《意见》既规定了公安机关、人民检察院、人民法院的协同配合，也规定了与医疗保障行政部门联动，形成工作合力，共同预防和打击医保骗保犯罪。

三、《意见》的主要内容

《意见》共分为全面把握总体要求，准确认定医保骗保犯罪，依法惩处医保骗保犯罪，切实加强证据的收集、审查和判断，建立健全协同配合机制5个部分，共26条。

（一）全面把握总体要求

本部分主要明确办理医保骗保刑事案件的总体要求，强调深刻认识依法惩治医保骗保犯罪的重大意义，持续深化医保骗保问题整治，依法严惩医保骗保犯罪，不断提升人民群众获得感、幸福感、安全感；坚持严格依法办案，坚持分工负责、互相配合、互相制约，确保严格执法、公正司法，提高司法公信力；切实贯彻宽严相济刑事政策和认罪认罚从宽制度，确保罪责刑相适应，努力实现政治效果、法律效果和社会效果有机统一。

（二）准确认定医保骗保犯罪

本部分明确医保骗保刑事案件及医疗保障基金的范围，医疗保障经办机构、定点医药机构、参保人及其他个人骗取医疗保障基金的行为方式及相关犯罪行为的定罪处罚，以及医疗保障行政部门及经办机构工作人员利用职务便利骗取医疗保障基金的定罪处罚问题，确保准确认定犯罪。

1. 关于医保骗保刑事案件及医疗保障基金的范围

关于医保骗保刑事案件的范围。医保骗保犯罪并非独立犯罪类型，没有专门的刑法罪名，而是一类犯罪行为的统称，涉及多个罪名。为统一认识，《意见》第4条第1款规定："本意见所指医保骗保刑事案件，是指采用欺骗手段，骗取医疗保障基金的犯罪案件。"需要注意的是，医保骗保犯罪既包括以非法占有为目的，虚构事实、隐瞒真相，直接骗取医疗保障基金的诈骗犯罪及国家工作人员利用职务便利,贪污医疗保障基金的犯罪,也包括非法收购、销售利用医保骗保购买的药品牟利的掩饰、隐瞒犯罪所得犯罪等。

关于医疗保障基金的范围。自 2021 年 5 月 1 日起施行的《医疗保障基金使用监督管理条例》第二条规定:"本条例适用于中华人民共和国境内基本医疗保险(含生育保险)基金、医疗救助基金等医疗保障基金使用及其监督管理。"第四十九条规定:"职工大额医疗费用补助、公务员医疗补助等医疗保障资金使用的监督管理,参照本条例执行。居民大病保险资金的使用按照国家有关规定执行,医疗保障行政部门应当加强监督。"考虑到居民大病保险资金从城镇居民医保基金、新农合基金中划出一定比例或额度,保障对象为城镇居民医保、新农合参保(合)人,为切实维护相关医疗保障基金及医疗保险资金安全,《意见》第 4 条第 2 款规定:"医疗保障基金包括基本医疗保险(含生育保险)基金、医疗救助基金、职工大额医疗费用补助、公务员医疗补助、居民大病保险资金等。"需要说明的是,"等"为"等内等",限于列举范围;如此后法律、行政法规对医疗保障基金的范围有所增加,可依法解释在"等"内。

2. 关于定点医药机构实施医保骗保犯罪行为的定性

《意见》第 5 条规定了定点医药机构骗取医疗保障基金及定点医药机构的国家工作人员利用职务便利骗取医疗保障基金行为的定性。关于本条规定,需要说明以下几点。

(1) 定点医药机构骗取医疗保障基金的行为属于诈骗。《全国人民代表大会常务委员会关于〈中华人民共和国刑法〉第二百六十六条的解释》规定:"以欺诈、伪造证明材料或者其他手段骗取养老、医疗、工伤、失业、生育等社会保险金或者其他社会保障待遇的,属于刑法第二百六十六条规定的诈骗公私财物的行为。"定点医药机构采用《意见》第 5 条所列行为,骗取医疗保障基金,依照刑法第二百六十六条的规定，以诈骗罪定罪处罚。

需要指出的是，《医疗保障基金使用监督管理条例》第十一条第一款规定："医疗保障经办机构应当与定点医药机构建立集体谈判协商机制，合理确定定点医药机构的医疗保障基金预算金额和拨付时限，并根据保障公众健康需求和管理服务的需要，与定点医药机构协商签订服务协议，规范医药服务行为，明确违反服务协议的行为及其责任。"第十二条第一款规定："医疗保障经办机构应当按照服务协议的约定，及时结算和拨付医疗保障基金。"第十三条第二款规定："医疗保障经办机构违反服务协议的，定点医药机构有权要求纠正或者提请医疗保障行政部门协调处理、督促整改，也可以依法申请行政复议或者提起行政诉讼。"因此，医保定点服务协议是医疗保障部门为了实现医疗保障行政管理职能和公共服务目标，与定点医药机构协商一致订立的具有行政诉讼法上权利义务内容的协议。合同诈骗罪中的合同是平等市场主体之间订立的，具有市场经济交易关系的合同。定点医药机构利用医保定点服务协议，骗取医疗保障基金的，不构成合同诈骗罪。

（2）定点医药机构（单位）不能构成诈骗罪，对其组织、策划、实施人员，以诈骗罪定罪处罚。定点医药机构为谋取单位利益，由单位组织实施医保骗保犯罪，利益归单位所得，虽然符合单位犯罪的形式要件，但刑法并未规定单位可以构成诈骗罪的主体。《全国人民代表大会常务委员会关于〈中华人民共和国刑法〉第三十条的解释》规定："公司、企业、事业单位、机关、团体等单位实施刑法规定的危害社会的行为，刑法分则和其他法律未规定追究单位刑事责任的，对组织、策划、实施该危害社会行为的人依法追究刑事责任。"因此，对涉案定点医药机构的组织、策划、实施人员，依法以诈骗罪定罪处罚。

（3）定点医药机构实施医保骗保犯罪所得，应依法予以追缴。虽不能追究定点医药机构（单位）犯罪的刑事责任，但对定点医药机构通过医保骗保犯罪获取的违法所得，应依据刑法第六十四条规定追缴。

《意见》第5条第2款规定："定点医药机构通过实施前款规定的行为骗取的医疗保障基金应当予以追缴。"

(4) 定点医药机构的国家工作人员利用职务便利实施医保骗保犯罪行为的，以贪污罪定罪处罚。定点医药机构的国家工作人员，利用职务便利，骗取医疗保障基金的，依照刑法第三百八十二条、第三百八十三条的规定，以贪污罪定罪处罚。定点医药机构的国家工作人员与非国家工作人员勾结，骗取医疗保障基金的，依照《最高人民法院关于审理贪污、职务侵占案件如何认定共同犯罪几个问题的解释》的规定处理。

需要说明的是，有意见建议将定点医药机构及工作人员过度诊疗纳入《意见》第5条规定的犯罪手段。经研究，如何认定过度诊疗缺乏客观标准，难以达成一致意见，故未作规定，实践中可根据《意见》第4条第1款规定的要件，结合具体行为的社会危害性，稳妥认定是否构成医保骗保犯罪。实施《意见》第5条规定的医保骗保犯罪，同时构成诈骗罪和伪造、变造、买卖国家机关公文、证件、印章罪，伪造公司、企业、事业单位印章罪，虚开发票罪等其他犯罪的，从一重罪处罚。

3. 关于行为人骗取医疗保障基金行为的定性

《意见》第6条规定，行为人以非法占有为目的，实施骗取医疗保障基金犯罪的，以诈骗罪定罪处罚；同时构成其他犯罪的，择一重罪处罚。本条规定的行为人既包括参保人，也包括非参保人、医药机构工作人员等。本条与《意见》第5条规定不同，第5条旨在规定定点医药机构（单位）实施医保骗保犯罪的处罚，第6条旨在规定自然人实施医保骗保犯罪的处罚。

需要注意的是，《国务院办公厅关于建立健全职工基本医疗保险门诊共济保障机制的指导意见》第五条规定，个人账户主要用于支付参保人员在定点医疗机构或定点零售药店发生的政策范围内自付费用，可以用于支付参保人员本人及其配偶、父母、子女在定点医疗机构就医发生的由个人负担的医疗费用，以及在定点零售药店购买药品、医疗器械、医用耗材发生的由个人负担的费用。探索个人账户用于配偶、父母、子女参加城乡居民基本医疗保险等的个人缴费。为明确罪与非罪界限，《意见》第6条第2款规定："参保人员个人账户按照有关规定为他人支付在定点医疗机构就医发生的由个人负担的医疗费用，以及在定点零售药店购买药品、医疗器械、医用耗材发生的由个人负担的费用，不属于前款第（2）项规定的冒名就医、购药。"对职工基本医疗保险门诊共济保障机制的地方性规定，属于本款规定的"有关规定"。需要指出的是，门诊共济限于个人账户，冒用他人医疗保障凭证骗取医疗保障基金的，属于《意见》第6条第1款第2项规定的冒名就医、购药。

4. 关于盗刷他人个人医保账户资金行为的定性

根据《国务院关于建立城镇职工基本医疗保险制度的决定》，基本医疗保险基金由统筹基金和个人账户构成。职工个人缴纳的基本医疗保险费，全部计入个人账户。用人单位缴纳的基本医疗保险费分为两部分，一部分用于建立统筹基金，一部分划入个人账户。个人账户的本金和利息归个人所有，可以结转使用和继承。因此，个人医保账户的资金性质上属于专款专用的个人财产，盗窃他人个人医保账户资金的，属于盗窃行为。《意见》第8条第2款规定："盗窃他人医疗保障凭证（社会保障卡等），并盗刷个人医保账户资金，依照刑法第二百六十四条的规定，以盗窃罪定罪处罚。"

关于拾得他人医疗保障凭证，并使用医保个人账户资金行为的定性问题。起草过程中，有意见建议，参照《最高人民检察院关于拾得他人信用卡并在自动柜员机（ATM机）上使用的行为如何定性问题的批复》，拾得他人医疗保障凭证并使用个人账户资金的，按照诈骗罪处理。经研究，医保个人账户内本金和利息归个人所有，拾得他人医疗保障凭证并使用医保个人账户资金，是在他人不知情的情况下，窃取他人医保个人账户内已有资金，构成盗窃罪。鉴于争议较大，《意见》未作规定。

5. 关于非法收购、销售医保骗保购买药品行为的定性

根据调研情况，非法收购、销售医保骗保购买药品的行为形势十分严峻，一些犯罪分子组成犯罪团伙，倒卖医保骗保药品非法牟利，甚至指使、教唆、授意参保人员利用医保待遇虚开、多开药品后收购、销售，成为治理医保骗保违法犯罪的重要环节。如最高人民法院、最高人民检察院公布的医保骗保犯罪典型案例三陈某美、陈某英、孙某玉诈骗、掩饰、隐瞒犯罪所得案中，陈某英、孙某玉明知系利用医保骗保购买的药品而非法收购、销售，其行为构成掩饰、隐瞒犯罪所得罪。

由于医保骗保的药品质量本身没有问题，无法适用假药、劣药相关犯罪和妨害药品管理罪的规定。2022年3月3日，最高人民法院、最高人民检察院联合发布修订后的《关于办理危害药品安全刑事案件适用法律若干问题的解释》（以下简称《办理危害药品安全犯罪的解释》），其中第十三条对此问题作了专门规定。根据各方意见，《意见》第9条参照《办理危害药品安全犯罪的解释》相关条文作了规定。关于本条，需要说明两点：

（1）关于定罪量刑数额标准。《办理危害药品安全犯罪的解释》第十三条规定，明知系利用医保骗保购买的药品而非法收购、销售，金额5万元以上的，以掩饰、隐瞒犯罪所得罪定罪处罚。2021年4月13日，最高人民法院作出《关于修改〈关于审理掩饰、隐瞒犯罪所得、犯罪所得收益刑事案件适用法律若干问题的解释〉的决定》（修改后的解释简称《审理掩隐犯罪的解释》），明确2015年制定的《最高人民法院关于审理掩饰、隐瞒犯罪所得、犯罪所得收益刑事案件适用法律若干问题的解释》第一条第一款第一项、第二款和第二条第二款规定的数额标准不再适用；人民法院审理掩饰、隐瞒犯罪所得、犯罪所得收益刑事案件，应综合考虑上游犯罪的性质、掩饰、隐瞒犯罪所得及其收益的情

节、后果及社会危害程度等,依法定罪处罚。鉴于《办理危害药品安全犯罪的解释》与《审理掩隐犯罪的解释》规定不一致,同时考虑下一步相关司法解释的修订,故《意见》第9条没有明确规定"金额5万元以上",而表述为"依照刑法第三百一十二条和相关司法解释的规定"。《办理危害药品安全犯罪的解释》规定"金额5万元以上"是基于适当控制刑事打击面的考虑,属于司法解释对掩饰、隐瞒犯罪所得罪入罪标准的特殊规定,司法实践中,在相关司法解释修订前,对非法收购、销售利用医保骗保购买药品的行为,以掩饰、隐瞒犯罪所得罪定罪时,入罪标准仍应当把握"金额5万元以上"。需要明确的是,非法收购、销售的金额累计在5万元以上(既收购又销售的,金额以高者计)即构成犯罪,不必要求行为人获利金额5万元以上。

(2) 关于行为人主观明知的推定及例外。实践中,倒卖医保骗保药品犯罪链条长,呈现出行为人"一对多"向参保人收购药品的特点,行为人与参保人微信、电话等非接触式沟通,通过邮寄实现药品流转,加上行为人具有一定的反侦查能力,有意销毁、藏匿证据,造成案件取证困难,尤其是证明行为人主观明知的证据难以收集。有的案件中,已经抓获行为人,但无法查证出售药品的参保人,面临如何认定事实的难题。因此,有必要规定推定行为人明知。根据调研情况和有关部门建议,《意见》第9条第3款规定,对行为人主观明知,应当根据药品标志、收购渠道、价格、规模及药品追溯信息等综合认定;同时,列举了5种常见的推定行为人主观明知的情形及兜底规定。推定是基于司法实践的经验总结,不能等同于认定,为准确认定犯罪事实,严格区分罪与非罪,同时规定,行为人能够说明药品合法来源或作出合理解释可以除外。考虑刑事诉讼的被告人不承担证明自己无罪的责任,故《意见》规定"行为人能够说明药品合法来源"而不是规定"行为人能够证明药品合法来源"。行为人提出药品有合法来源的,应当予以说明并提供核查线索,行为人说明的来源不合法或无法查证的,且具有所列情形之一的,仍可推定其具有主观明知。

(三) 依法惩处医保骗保犯罪

本部分强调依法从严惩处医保骗保犯罪,重点打击幕后组织者、职业骗保人等,明确从严从重处罚和从宽处罚的情形,强化全链条惩治医保骗保相关犯罪,加大财产刑适用力度,规范罚金刑适用,从严掌握缓刑适用,统一法律适用标准和司法裁判尺度。

1. 关于依法从严惩处

《意见》第10条规定:"依法从严惩处医保骗保犯罪,重点打击幕后组织者、职业骗保人等,对其中具有退赃退赔、认罪认罚等从宽情节的,也要从严把握从宽幅度。具有下列情形之一的,可以从重处罚:(1) 组织、指挥犯罪团伙骗取医疗保障基金的;(2) 曾因医保骗保犯罪受过刑事追究的;(3) 拒不退赃退赔或者转移财产的;(4) 造成其他严重后果或恶劣社会影响的。"《意见》第11条规定,办理医保骗保刑事案件,要同步审查洗钱、侵犯公民个人信息等其他犯罪线索,实现全链条依法惩治。

2. 关于区别对待、区别处理原则

《意见》第12条规定了区别对待、区别处理原则。要综合考虑行为人骗取医疗保障基金的数额、手段、认罪悔罪、退赃退赔等案件具体情节,依法决定是否追究刑事责任。对于涉案人员众多的,要根据犯罪的事实、犯罪的性质、情节和对于社会的危害程度,以及在共同犯罪中的地位、作用、具体实施的行为区别对待、区别处理。对涉案不深的初犯、偶犯要从轻处罚,对认罪悔罪、积极退赃退赔的医务人员及因长期治疗疾病导致经济困难,偶尔骗取医疗保障基金的患者及家属,要充分体现宽严相济刑事政策,从宽处罚;犯罪情节轻微的,依法不起诉或免除处罚;情节显著轻微、危害不大的,不作为犯罪处理。

3. 关于缓刑禁止令和从业禁止

刑法第七十二条第二款规定："宣告缓刑，可以根据犯罪情况，同时禁止犯罪分子在缓刑考验期限内从事特定活动，进入特定区域、场所，接触特定的人。"人民法院审理医保骗保刑事案件，对宣告缓刑的犯罪分子，根据案件情况，可以同时禁止其在缓刑考验期限内从事与医疗保障基金有关的特定活动。

《意见》起草过程中，就人民法院审理医保骗保刑事案件是否适用刑法第三十七条之一规定的从业禁止，有较大争议。经研究，刑法第三十七条之一第三款规定"其他法律、行政法规对其从事相关职业另有禁止或者限制性规定的，从其规定"，从业禁止是针对利用职业便利实施犯罪的再犯特殊预防性刑事措施，具有补充性，在其他法律、行政法规对从事相关职业另有禁止或者限制性规定的，应当从其规定。不仅从业禁止的期限要依照有关法律、行政法规的规定，而且给予从业禁止的主体、条件等也应当依照有关法律、行政法规的规定。简言之，其他法律、行政法规对受到刑事处罚的人有从业禁止规定的，人民法院不再判处从业禁止；没有规定的，人民法院可判处从业禁止。值得注意的是，《最高人民法院、最高人民检察院、教育部关于落实从业禁止制度的意见》（法发〔2022〕32号）第三条第一款规定："教职员工实施性侵害、虐待、拐卖、暴力伤害等犯罪的，人民法院应当依照《未成年人保护法》第六十二条的规定，判决禁止其从事密切接触未成年人的工作。"该规定是基于对未成年人的优先、特殊保护需要和未成年人保护法，作出的特别规定。《医疗保障基金使用监督管理条例》第四十三条规定："定点医药机构违反本条例规定，造成医疗保障基金重大损失或者其他严重不良社会影响的，其法定代表人或者主要负责人5年内禁止从事定点医药机构管理活动，由有关部门依法给予处分。"故《意见》未再规定从业禁止。

4. 关于财产刑适用

《意见》第 14 条强调加大对医保骗保犯罪的财产刑适用，提高医保骗保犯罪成本，从经济上严厉制裁犯罪分子，彻底剥夺其再犯罪能力。财产刑的具体适用，要综合考虑犯罪数额、退赃退赔、认罪认罚等情节决定罚金数额。

（四）切实加强证据的收集、审查和判断

本部分规定公安机关、人民检察院、人民法院应当依照各自职责，强化对医保骗保刑事案件证据的收集、审查和判断，明确医疗保障行政部门收集的证据在刑事诉讼中的证明效力，以及医保骗保犯罪涉案财物的调查取证、追赃挽损等内容，确保最大限度减少医疗保障基金损失，最大限度维护人民群众利益。

1. 关于医疗保障行政部门行政执法证据的效力

《医疗保障基金使用监督管理条例》规定了医疗保障行政部门的执法监督权和调查权。实践中，对医疗保障行政部门执法监督和调查中收集的证据能否作为刑事诉讼的证据存在争议，而相关证据对案件处理起重要作用，有必要予以明确。《最高人民法院〈关于适用中华人民共和国刑事诉讼法〉的解释》第七十五条规定："行政机关在行政执法和查办案件过程中收集的物证、书证、视听资料、电子数据等证据材料，经法庭查证属实，且收集程序符合有关法律、行政法规规定的，可以作为定案的根据。根据法律、行政法规规定行使国家行政管理职权的组织，在行政执法和查办案件过程中收集的证据材料，视为行政机关收集的证据材料。"据此，《意见》第 18 条规定："医疗保障行政部门在监督检查和调查中收集的物证、书证、视听资料、电子数据等证据材料，经法庭查证属实，且收集程序符合有关法律、行政法规规定的，可以作为定案的根据。"需要注意的是，本条规定的证据种类原则上仅限于物证、书证、视听资料、电子数据。此外，上述证据作为定案的根据，还需要

经法庭查证属实，且收集程序符合法律及《医疗保障基金使用监督管理条例》等行政法规的规定。

2. 关于抽样取证

实践中，有的医保骗保犯罪涉及大量参保人，有的犯罪通过无接触方式实施，在其他证据足以认定犯罪数额等事实情况下，要求逐一向证人调取证言既不现实也无必要。故《意见》第 19 条规定："办理医保骗保刑事案件，确因证人人数众多等客观条件限制，无法逐一收集证人证言的，可以结合已收集的证人证言，以及经查证属实的银行账户交易记录、第三方支付结算凭证、账户交易记录、审计报告、医保信息系统数据、电子数据等证据，综合认定诈骗数额等犯罪事实。"需要注意的是，只有确因客观条件限制，无法逐一收集证人证言且其他客观证据能够认定诈骗数额等相关事实的，才适用抽样取证。

3. 关于等值追缴

行为人实施医保骗保犯罪所得一切财物，属于违法所得，依法应当追缴或责令退赔。为切实有效追回医疗保障基金，《意见》第 21 条规定了等值追缴原则。适用本条需要具备三个条件：一是依法查明存在违法所得及其数额，证据要确实、充分；二是要有证据证明存在依法应当追缴的财产且无法查明去向，或者价值灭失，或者与其他合法财产混合且不可分割；三是等值财产的追缴数额严格限定于依法查明应当追缴的违法所得数额，对已经追缴或者退赔的部分应予扣除。人民法院在执行涉案财物过程中，公安机关、人民检察院及有关职能部门应当配合，切实履行协作义务，综合运用多种手段，做好涉案财物清运、财产变现、资金归集和财产返还等工作，最大限度减少医疗保障基金损失，最大限度维护人民群众利益。

（五）建立健全协同配合机制

本部分就规范健全医保骗保犯罪行刑衔接机制，强化能动履职，推进医保骗保违法犯罪系统治理、源头治理，健全完善防范医保骗保违法犯罪长效机制作出规定。

1. 关于加强协作配合

《意见》第 23 条规定，医疗保障行政部门在调查医保骗保行为或行政执法过程中，商请就追诉标准、证据固定等问题提出咨询或参考意见的，公安机关、人民检察院应当及时提出意见。《意见》第 25 条规定，公安机关、人民检察院、人民法院在办理医保骗保刑事案件时，可商请医疗保障行政部门或有关行政主管部门指派专业人员配合开展工作，协助查阅、复制有关专业资料或核算医疗保障基金损失数额，就案件涉及的专业问题出具认定意见。

2. 关于建立健全相关机制

一是完善双向移送机制。《意见》第 23 条规定，公安机关对医疗保障行政部门移送的犯罪线索要及时调查，涉嫌犯罪的及时立案侦查。公安机关、人民检察院、人民法院对不构成犯罪、依法不起诉或免予刑事处罚的医保骗保行为人，需要给予行政处罚、政务处分或者其他处分的，应当依法移送医疗保障行政部门等有关机关处理。《意见》第 24 条规定，公安机关、人民检察院、人民法院应当将医保骗保案件处理结果及生效文书及时通报医疗保障行政部门。

二是完善信息共享机制。《意见》第 24 条规定，公安机关与医疗保障行政部门要加快推动信息共享，构建实时分析预警监测模型，力争医保骗保问题"发现在早、打击在早"，最大限度减少损失。

3. 关于延伸办案职能作用

《意见》第 26 条强调，要落实"抓前端、治未病"要求，坚持治罪与治理并重，强化法治宣传教育，做好法律政策宣讲、引导，充分揭露医保骗保犯罪的手段、社会危害性，推动人民群众知法、守法、护法，共同维护医疗保障基金安全。结合办理案件发现的医疗保障基金使用、监督、管理方面存在的问题，通过"三书一函"助力有关部门堵塞漏洞，加强监管。

（六）其他需要说明的问题

《意见》规定的分解住院、挂床住院、串换药品等行为方式来源于《医疗保障基金使用监督管理条例》，司法实践中，不宜过分拘泥于相关概念的含义，是否认定为骗取医疗保障基金的行为应结合《意见》第4条的规定，是否采用欺骗手段，是否以骗取医疗保障基金为目的及相关行为的社会危害性，稳妥认定是否构成医保骗保犯罪。根据司法实践情况，分解住院一般是指定点医药机构短时间内为患者重复办理住院，将本应一次完成的治疗分解为二次以上住院治疗；挂床住院一般是指参保患者未实际住院或进行治疗；串换药品、医药耗材、诊疗项目和服务设施一般是指将不属于医疗保障基金支付范围的药品、耗材、项目等进行医保报销，或者将低标准收费项目以高标准收费项目进行医保结算。

医保骗保犯罪专业性较强，各级人民法院、人民检察院、公安机关在执行《意见》过程中遇到的重大问题，应及时分别报告最高人民法院、最高人民检察院、公安部。

（来源：《人民司法》2024年第19期）

部门规章、规章性文件与解读

国家监察委员会　最高人民法院　最高人民检察院
外交部　公安部　国家安全部　司法部
印发《关于实施〈中华人民共和国国际刑事司法协助法〉若干问题的规定（试行）》的通知

2024年4月22日　　　　　　　　司发通〔2024〕31号

各省、自治区、直辖市监察委员会、高级人民法院、人民检察院、人民政府外事办公室、公安厅（局）、国家安全厅（局）、司法厅（局），解放军军事法院、解放军军事检察院，新疆生产建设兵团监察委员会、新疆维吾尔自治区高级人民法院生产建设兵团分院，新疆生产建设兵团人民检察院、外事办公室、公安局、国家安全局、司法局：

为全面贯彻实施《中华人民共和国国际刑事司法协助法》，维护国家司法主权，规范国际刑事司法协助程序，提高工作质量和效率，国家监察委员会、最高人民法院、最高人民检察院、外交部、公安部、国家安全部、司法部制定了《关于实施〈中华人民共和国国际刑事司法协助法〉若干问题的规定（试行）》，现印发给你们，请认真贯彻执行。执行中遇到的问题，请及时层报国家监察委员会、最高人民法院、最高人民检察院、外交部、公安部、国家安全部、司法部。

关于实施《中华人民共和国国际刑事司法协助法》若干问题的规定（试行）

第一条 为维护国家司法主权，规范国际刑事司法协助程序，提高工作质量和效率，根据《中华人民共和国国际刑事司法协助法》《中华人民共和国刑事诉讼法》《中华人民共和国监察法》等法律，制定本规定。

第二条 对外联系机关收到外国提出的刑事司法协助请求后，应当及时对请求书及所附材料进行审查。审查事项包括：

（一）请求书是否载明《中华人民共和国国际刑事司法协助法》规定应当载明的事项；

（二）请求是否依据刑事司法协助条约或者互惠原则等提出；依据互惠原则提出请求的，请求书是否附有由请求国适格主体作出的具体明确的互惠承诺；

（三）请求书及所附材料是否附有《中华人民共和国国际刑事司法协助法》或者条约规定的译文；

（四）其他需要审查的事项。

前款第二项所指的互惠承诺，应当由请求国外交代表机构或者负责国际司法合作的中央层级机关以书面形式作出，明确承诺对中华人民共和国今后提出的类似请求将提供同等协助，并不得额外增加条件或者进行限制。

对外联系机关收到主管机关拟向外国提出的刑事司法协助请求后，

参照本条第一款规定对请求书及所附材料进行形式审查后及时对外提出。

第三条 《中华人民共和国国际刑事司法协助法》第二十二条第三款所称中华人民共和国不负有协助送达的义务，是指对于要求中华人民共和国公民接受讯问或者作为被告人出庭的传票，主管机关有权决定是否协助送达。

第四条 对外联系机关经审查认为外国刑事司法协助请求书形式和内容符合要求的，应当根据相关法律规定的职责分工，综合考虑请求事项性质、案件所处诉讼阶段等因素确定主管机关：

（一）外国请求协助送达文书、调查取证、安排证人作证或者协助调查，案件尚未进入审判阶段的，转交调查、侦查或者检察机关办理；案件已进入审判阶段的，转交审判机关办理；

（二）外国请求协助查封、扣押、冻结涉案财物或者没收、返还违法所得及其他涉案财物的，依照本规定第十六条、第十七条，转交相关主管机关办理；

（三）案件较为复杂、请求事项存在特殊情形或者涉及多个主管机关，需要明确转交的主管机关的，对外联系机关可以与相关主管机关协商确定主管机关。

第五条 对外联系机关审查认为外国请求书或者所附材料的形式和内容存在以下情形之一的，可以将请求书退回并书面说明理由，同时要求请求国重新提出请求：

（一）请求书存在重大表述错误、影响请求执行的；

（二）请求书未经适当签署或者盖章的；

（三）请求提出主体和请求对象不符合中华人民共和国法律或者条约规定的；

（四）请求书存在其他严重影响请求执行的情形。

对外联系机关审查认为请求书或者所附材料的形式和内容存在以下情形之一的,可以要求请求国补充材料:

(一)请求书或者所附材料关于案件事实或者请求事项的表述不充分、不清晰,可能影响请求执行的;

(二)请求书或者所附材料未附有中华人民共和国法律或者条约规定的译文或者译文不准确,无法确定请求内容的;

(三)其他需要补充材料的情形。

主管机关审查认为应当全部或者部分拒绝协助,或者存在其他形式或内容不符合要求情形的,应当书面说明理由,通过对外联系机关回复请求国。

第六条 外国刑事司法协助请求存在以下情形之一的,对外联系机关、主管机关和办案机关可以根据案件情况和工作需要优先处理:

(一)需要紧急查封、扣押、冻结涉案财物或者没收违法所得及其他涉案财物的;

(二)基于调查、侦查、起诉或者审理期限限制,确有必要紧急处理的;

(三)涉及的案件具有重大影响或者其他特殊情形的。

第七条 对外联系机关应当在收到外国刑事司法协助请求或者主管机关执行结果之日起45日内处理完毕;按照本规定第六条优先处理的,一般应当在收到请求或者执行结果之日起30日内处理完毕;需要采取紧急冻结等措施的,应当在收到请求或者执行结果之日起15日内处理完毕。

主管机关应当在收到对外联系机关转交的外国刑事司法协助请求或者办案机关执行结果之日起45日内处理完毕;按照本规定第六条优先处理的,一般应当在收到请求或者执行结果之日起30日内处理完毕;需要采取紧急冻结等措施的,应当在收到请求或者执行结果之日起15

日内处理完毕。

办案机关应当在收到主管机关交办的外国刑事司法协助请求之日起90日内提出处理意见或者执行完毕；按照本规定第六条优先处理的，一般应当在收到请求之日起30日内提出处理意见或者执行完毕；需要采取紧急冻结等措施的，应当在收到请求之日起15日内提出处理意见或者执行完毕。

办案机关办理具有跨国因素的刑事案件需要外国提供司法协助的，应当及时起草刑事司法协助请求书并附相关材料报所属主管机关审核。主管机关和对外联系机关应当及时审查处理办案机关向外国提出的刑事司法协助请求。

案件重大复杂需要协调处理的，可以不受本条规定的时限限制，但对外联系机关、主管机关、办案机关相互沟通时应当作出相应说明。

第八条　对外联系机关应当加强与外国有关机关沟通联系，推动外国提高执行中华人民共和国刑事司法协助请求的效率和质量。

对外联系机关和主管机关支持、指导办案机关对外提出刑事司法协助请求。

对外联系机关应当定期统计国际刑事司法协助案件办理情况，及时向主管机关通报。

第九条　主管机关应当对办案机关应外国刑事司法协助请求调取的证据或者其他信息严格审核把关，确保交由对外联系机关向外国提供的证据或者其他信息在内容和形式上符合相关法律规定。

第十条　对外联系机关、主管机关等应当共同推进国际刑事司法协助信息化建设，提高国际刑事司法协助信息化水平。

第十一条　外国机构、组织、个人在中华人民共和国境内实施以下行为的，属于《中华人民共和国国际刑事司法协助法》第四条第三款所规定的刑事诉讼活动：

（一）向中华人民共和国境内机构、组织和个人送达传票、通知书、起诉书、判决书或者其他刑事法律文书；

（二）向中华人民共和国境内机构、组织和个人收集、调取刑事证据材料；

（三）联系、安排、要求中华人民共和国境内机构、组织和个人赴境外或者在境内通过视频、音频等远程方式作证、协助调查或者参加庭审；

（四）要求中华人民共和国境内机构、组织和个人在境内协助采取查封、扣押、冻结涉案财物等措施；

（五）要求中华人民共和国境内机构、组织和个人协助执行外国作出的刑事司法裁判；

（六）法律规定的其他刑事诉讼活动。

第十二条 建立由刑事司法协助对外联系机关和主管机关等组成的刑事证据出境审查工作机制（以下简称工作机制），统筹负责刑事证据出境安全审查相关工作。工作机制办公室设在国务院司法行政部门。

第十三条 中华人民共和国境内的机构、组织和个人收到外国非经国际刑事司法执法合作途径，直接要求其协助进行本规定第十一条规定的刑事诉讼活动或者提供《中华人民共和国国际刑事司法协助法》规定的其他协助的通知的，应当在收到之日起 30 日内，向工作机制办公室书面报告有关情况。

报告时应当提交有关情况的具体说明，并附相关法律文书副本或者其他证明材料。报告人要求保密的，工作机制成员单位及其工作人员应当依法为其保密。

工作机制办公室收到报告后，应当与机制成员单位会商，需要外国提出刑事司法协助请求的，由相关对外联系机关向外国提出要求。

第十四条 中华人民共和国境内的机构、组织和个人为维护自身权益等目的，需要主动向外国提供证据的，应当遵守保守国家秘密、数据安全、个人信息保护等有关法律规定，并向工作机制办公室提交书面申请。申请书包括但不限于以下内容：

（一）申请人的身份信息、案件基本情况、申请提供证据的范围、内容和理由等；

（二）申请人如有行政或者行业主管部门，相关主管部门的意见；

（三）关于证据符合保守国家秘密、数据安全、个人信息保护等法律规定以及合同约定的保密义务等事项的说明；

（四）关于证据目的、用途以及保密和安全保护措施等事项的说明；

（五）申请所需的其他材料。

第十五条 工作机制办公室对符合第十四条规定条件的申请应当及时受理，并会同工作机制成员单位中的主管机关等对申请出境证据进行审查。

工作机制办公室应当自受理申请之日起60日内告知申请人审查结果。案件情况复杂或者需要征求其他有关部门意见的，可以视情延长审查时限。

第十六条 外国请求协助查封、扣押、冻结涉案财物的，根据案件性质和所处的诉讼阶段，转交相应主管机关办理。主管机关经审查认为符合条件的，可以安排办案机关依法予以执行，办案机关应当及时将涉案财物查封、扣押、冻结情况通过主管机关告知对外联系机关。

第十七条 外国请求协助没收、返还违法所得及其他涉案财物，已经提供外国司法机关作出的生效没收令等法律文书副本的，转交最高人民检察院和最高人民法院办理。经审查符合执行条件的，最高人民检察院和最高人民法院可以转交相关所属办案机关协助执行。

外国以没收位于其国内的违法所得及其他涉案财物为目的请求提供

刑事司法协助，主管机关、办案机关认为相关财产属于中华人民共和国国家、公民、法人或者其他组织合法财产的，应当在提供协助时依法请求外国返还。

第十八条 中华人民共和国按照对等互惠原则与外国开展被没收财产分享合作。对外联系机关会同主管机关可以与外国签订个案分享协议。

外国对中华人民共和国作出的没收裁判提供协助并依法提出分享请求的，对外联系机关会同主管机关可以决定与外国分享。向外国分享的财产应当是优先考虑返还财产合法所有人或者赔偿被害人并扣除中华人民共和国办案机关的合理费用后的违法所得及其他涉案财物。向外国分享被没收财产的比例按照外国对中华人民共和国作出没收裁判的贡献程度确定。

中华人民共和国请求外国协助没收、返还违法所得或者其他涉案财物，外国提出分享请求的，或者中华人民共和国对外国作出没收裁判提供协助并依法向外国提出分享请求的，对外联系机关会同主管机关与外国协商确定分享的数额、比例和财产的移交方式。

第十九条 外国已向中华人民共和国提供刑事司法协助的，主管机关和办案机关应当严格遵守对外作出的量刑、追诉、权利保障、保密、证据用途、适用案件和人员范围等方面的承诺。

第二十条 主管机关收到对外联系机关转交的外国提出的移管被判刑人请求后，应当根据法律和条约的有关规定进行审查，并征求相关主管部门的意见。

第二十一条 主管机关应当在相关主管部门意见基础上，作出同意或者拒绝向外国移管被判刑人的决定，同意向外国移管被判刑人的，由对外联系机关书面通知请求国和被判刑人。

第二十二条 对外联系机关可以要求请求国提供被判刑人移管回国

后的刑罚执行情况及被判刑人表现，并及时通报主管机关和相关主管部门。

第二十三条 本规定中有关期限规定的"日"是指自然日。

第二十四条 本规定所称对外联系机关包括依法应当通过外交途径联系时的联系机关。

第二十五条 本规定自公布之日起施行。

指导案例、典型案例与解读

最高人民法院
关于发布第 40 批指导性案例的通知

2024 年 5 月 30 日　　　　　　　　法〔2024〕112 号

各省、自治区、直辖市高级人民法院，解放军军事法院，新疆维吾尔自治区高级人民法院生产建设兵团分院：

经最高人民法院审判委员会讨论决定，现将江某某正当防卫案等五个案例（指导性案例 225—229 号），作为第 40 批指导性案例发布，供审判类似案件时参照。

指导性案例 225 号

江某某正当防卫案

[关键词]　刑事/正当防卫/未成年人/学生霸凌/防卫意图/防卫限度

[裁判要点]

1. 对于因学生霸凌引发的防卫行为与相互斗殴的界分，应当坚持主客观相统一原则,通过综合考量案发起因、是否为主要过错方、是否纠集他人参与打斗等情节,结合同年龄段未成年人在类似情境下的可能反应,准确判断行为人的主观意图和行为性质。不能仅因行为人面对霸凌时不甘示弱、使用工具反击等情节,就影响对其防卫意图的认定。

2. 对于防卫是否"明显超过必要限度",应当立足防卫时的具体情境,从同年龄段未成年人一般认知的角度,综合学生霸凌中不法侵害的性质、手段、强度、危害后果和防卫的时机、手段、强度、损害后果等情节,考虑双方力量对比,作出合理判断。

[基本案情]

被告人江某某(系化名,时年 14 周岁)系湖南省某中学初中二年级学生。因江某某在春游时与同班某女同学聊天,同级邻班同学胡某认为江某某招惹其女朋友,要求江某某买烟赔礼道歉,否则就打江某某。之后江某某给胡某买了一包香烟,但胡某嫌烟不好不要,遂产生殴打江某某的意图。

2019 年 5 月 17 日上午早读课前,与被告人江某某不和的同班同学孙某某,伙同他人借故把江某某喊到厕所,扬言要殴打江某某。江某某有不甘示弱的言语回应(案发后其解释系找借口拖延,打算放学时跑掉)。当日早读下课后,江某某在上厕所时,孙某某、胡某等人又拉扯江某某,并踢了其一脚。后因上课时间到了,各自散去。第二节课下课后,孙某某邀约同学张某某、胡某等人帮忙殴打江某某,并向张某某指认正在厕所内的江某某。

午饭后,孙某某又邀约被害人陈某甲、陈某乙、吴某等帮忙殴打江某某。随后,孙某某等 7 人前往教室寻找被告人江某某,其他 8 人在厕所里等候。江某某拒绝前往,孙某某称若不去将强行带走,江某某被迫跟随前往,并将同学用于开药瓶的多功能折叠刀(非管制刀具,刃长约 4.5 厘米)藏在右手衣袖内。到达厕所后,孙某某、胡某、张某某及被害人陈某甲、陈某乙、吴某等 15 人把江某某围住。陈某甲上前扼勒江某某的颈部,把江某某摔倒在地后,骑坐在其身上殴打,孙某某、胡某、张某某等人一拥而上进行踢打。在受到群殴之后,江某某掏出折叠刀乱挥,捅伤陈某甲腰背部,划伤吴某大腿。殴打持续约一分钟后,众人散开。江某某从地上爬了起来,背靠厕所蹲坑的矮墙坐在地上,站在江某某背后的陈某乙对其掌掴,江某某遂转身用折叠刀向陈某乙腹部捅刺一刀,张某某等人再次殴打江某某后离开。后陈某甲、陈某乙、吴某被送至学校医务室治疗。经鉴定,陈某甲、陈某乙的损伤程度为重伤二级,吴某的损伤程度为轻微伤。同年8月7日,江某某向公安机关投案。

湖南省吉首市人民检察院指控被告人江某某犯故意伤害罪,向湖南省吉首市人民法院提起公诉。被告人江某某及其辩护人认为:江某某在遭受学生霸凌时,实施防卫行为对不法侵害人造成损害,属于正当防卫,依法不负刑事责任。

[裁判结果]

湖南省吉首市人民法院于2020年7月6日作出刑事判决,认定被告人江某某的行为构成正当防卫,宣告江某某无罪。宣判后,湖南省吉首市人民检察院提出抗诉。二审期间,湖南省湘西土家族苗族自治州人民检察院申请撤回抗诉。湖南省湘西土家族苗族自治州中级人民法院于2022年11月9日作出刑事裁定,准许撤回抗诉。

[裁判理由]

被告人江某某因遭受多名学生霸凌而携带折叠刀被迫前往现场,在面临多人殴打时持刀反击,综合全案情节,应当认定其行为构成正当防卫,不负刑事责任。

首先,江某某在遭受学生霸凌时被迫反击,具有防卫意图。面对孙某某等人的霸凌,江某某明显处于被迫状态。此外,江某某面对孙某某等人的霸凌,虽曾有不甘示弱的言语,但不能以此认定江某某主动挑起争端。考虑未成年人身心特点,结合江某某所处具体情境,不能仅以江某某个别言语就认定其有斗殴故意，进而否定其具有防卫意图。

其次，江某某在被殴打时实施防卫，符合正当防卫的时间条件。江某某两次持刀反击，均处于不法侵害现实发生的时间段内：（1）面对15人的包围，被对方勒颈摔倒在地，并遭到群殴，不法侵害已现实发生。（2）江某某倒地并被群殴持续约一分钟后，群殴行为虽然暂时停止，但是仍被对方从背后袭击掌掴，不法侵害显然仍在进行之中，并未结束。总之，江某某在被群殴、被群殴倒地仍遭对方掌掴的情况下，借助工具防卫反击时，不法侵害正在进行，符合正当防卫的时间条件。

最后，江某某因被殴打持刀防卫，没有明显超过必要限度。江某某系在被殴打的情况下被迫实施防卫，虽然不法侵害人未使用工具，江某某使用刀具反击，但是江某某防卫使用的折叠刀并非管制刀具，而对方多达15人，双方实力悬殊，且江某某先后两次被打倒在地并被群殴。江某某情急之下持刀自卫，在手段上合乎情理，反击行为限于对抗不法侵害，并非主动攻击对方，手段有所节制。故整体而言，防卫行为没有明显超过必要限度。

此外，根据未成年人保护法及相关规定，学校应当建立学生欺凌防控工作制度，对教职员工、学生等开展防治学生欺凌的教育和培训。对于学生欺凌事件，被欺凌者及周边同学要及时向老师、家长报告；学校对学生欺凌行为应当立即制止并依法处理，监护人对实施欺凌的学生应当加强管教，并配合学校和相关部门的处理。学校或者监护人未依法履行职责的，应当依法承担相应法律责任。

[相关法条]

《中华人民共和国刑法》第二十条

指导性案例 226 号

陈某某、刘某某故意伤害、虐待案

[关键词] 刑事/故意伤害罪/虐待罪/未成年人/家庭成员/以特别残忍手段致人重伤造成严重残疾

[裁判要点]

1. 与父（母）的未婚同居者处于较为稳定的共同生活状态的未成年人，应当认定为刑法第二百六十条规定的"家庭成员"。

2. 在经常性的虐待过程中，行为人对被害人实施严重暴力，主观上希望或者放任、客观上造成被害人轻伤以上后果的，应当认定为故意伤害罪；如果将该伤害行为独立评价后，其他虐待行为仍符合虐待罪构成要件的，应当以故意伤害罪与虐待罪数罪并罚。

3. 对于故意伤害未成年人案件，认定是否符合刑法第二百三十四条第二款规定的以特别残忍手段致人重伤造成"严重残疾"，应当综合考量残疾等级、数量、所涉部位等情节，以及伤害后果对未成年人正在发育的身心所造成的严重影响等因素，依法准确作出判断。

[基本案情]

被告人刘某某系被害人童某某（系化名，女，2014 年 3 月出生）的母亲。刘某某离婚后，童某某由刘某某直接抚养。2019 年 11 月，刘某某结识被告人陈某某，后恋爱并同居。

2020 年 2 月 13 日，被告人陈某某因童某某与父亲视频聊天而心生不满，遂对童某某实施打耳光、踢踹等行为，为此，刘某某将童某某带离陈某某住处，并向陈某某提出分手。2 月 17 日晚，陈某某来到刘某某住处，因分手之事迁怒于童某某，进门后直接将童某某踹倒在地，又对童某某头部、身体、腿部猛踹数脚。次日，刘某某带童某某就医治疗。童某某被诊断为：额部挫伤、颏部挫裂伤。此后，为躲避陈某某，刘某某带着童某某到朋友家暂住。其间，陈某某多次向刘某某表示道歉并请求原谅。同年3月20日，刘某某与陈某某恢复交往，并带着童某某搬入陈某某住处生活。

之后，在共同生活期间，被告人陈某某经常无故或者以管教孩子等各种借口，通过拳打脚踢、洗衣板殴打、烟头烫等方式伤害童某某，造成童某某身体多处受伤。陈某某还经常采取让童某某长时间跪洗衣板、吞烟头、冻饿、凌辱等方式体罚、虐待童某某。被告人刘某某作为童某某的母亲，未进行有效阻止，放任陈某某对童某某实施伤害和虐待，并时而参与，致童某某轻伤。

2020年5月中旬，被告人陈某某为童某某洗澡，因童某某认为水温不适，陈某某遂故意将水温反复调至最高和最低档位浇淋童某某。被告人刘某某听到童某某喊叫，进入卫生间查看，陈某某谎称水不热，刘某某遂关门离开。洗完澡后，陈某某将童某某带出浴室罚跪，刘某某发现童某某身上被烫出大面积水泡，仅为其擦涂烫伤膏，未及时送医治疗。直至同月下旬，童某某伤口感染严重，二被告人才将其送往医院救治。后经他人报警，二被告人被抓获归案。

经鉴定，童某某全身烧烫伤损伤程度达重伤二级（面部烫伤遗留浅表疤痕素改变，残疾等级为七级），另有五处损伤为轻伤一级（其中三处残疾等级为九级）和五处损伤为轻伤二级。另查明，被害人童某某治疗期间支出的医疗费、营养费等共计人民币202767.35元。

本案案发后，人民法院依法撤销被害人母亲刘某某对童某某的监护人资格，将抚养权从刘某某变更至被害人父亲，并联系心理医生定期对童某某进行心理辅导，协调解决其入学、生活困难等问题。

[裁判结果]

辽宁省抚顺市新抚区人民法院于2021年10月13日作出刑事附带民事判决：一、被告人陈某某犯故意伤害罪，判处有期徒刑十五年；犯虐待罪，判处有期徒刑二年，决定执行有期徒刑十六年。二、被告人刘某某犯故意伤害罪，判处有期徒刑二年；犯虐待罪，判处有期徒刑一年六个月，决定执行有期徒刑三年。三、被告人陈某某赔偿附带民事诉讼原告人童某某人民币202767.35元。宣判后，没有上诉、抗诉，判决已发生法律效力。

［裁判理由］

被告人陈某某与被害人母亲刘某某系同居关系，其与刘某某及被害人童某某处于较为稳定的共同生活状态，已形成事实上的家庭关系。陈某某在与刘某某及童某某共同生活期间，以殴打、体罚、冻饿、凌辱等方式，长期、频繁地对童某某进行摧残、折磨，情节恶劣，已构成虐待罪。被告人刘某某作为童某某的母亲，未采取有效措施阻止、防范陈某某的虐待行为，一再放任，并时而参与，亦构成虐待罪。

在经常性、持续性的虐待过程中，被告人陈某某采用烟头烫、热水淋、拳打脚踢等暴力手段多次直接伤害童某某身体，造成被害人一处重伤、十处轻伤等严重后果，所涉故意伤害行为不能为虐待罪所评价，应当以故意伤害罪论处。被告人刘某某作为童某某的母亲，一再放任陈某某伤害童某某，并时而参与致童某某轻伤，其行为亦构成故意伤害罪。此外，二被告人经常性、持续性的虐待行为亦构成虐待罪，如对二被告人的犯罪行为仅以故意伤害罪论处，并不能全面评价其虐待行为，故应当以故意伤害罪与虐待罪数罪并罚。

根据刑法第二百三十四条的规定，以特别残忍手段致人重伤造成严重残疾的，处十年以上有期徒刑、无期徒刑或者死刑。对于一般故意伤害案件，通常将六级以上残疾视为"严重残疾"。本案中，被害人的身体受损伤程度经鉴定为七级残疾，但被害人身体不同部位遭受伤害造成多处残疾（一处七级残疾、三处九级残疾），对未成年人身心健康损害极其严重。基于此，从最大限度保护未成年人利益出发，经综合判断，将本案所涉情形认定为"以特别残忍手段致人重伤造成严重残疾"，以故意伤害罪对被告人陈某某判处有期徒刑十五年。

在共同犯罪中，被告人陈某某起主要作用，系主犯。被告人刘某某起次要作用，系从犯，到案后如实供述犯罪事实，真诚悔罪，认罪认罚；而且，对于陈某某实施的热水浇淋致童某某全身烧烫伤损伤程度达重伤二级（残疾等级为七级）的行为，刘某某并未直接参与。综合考量二被告人的动机、手段、情节、后果、社会危害性，以及主观恶性和人身危险性，法院依法作出如上判决。

[相关法条]

《中华人民共和国刑法》第二百三十四条、第二百六十条

指导性案例 227 号

胡某某、王某某诉德某餐厅、蒋某某等生命权纠纷案

[关键词]　民事/生命权/未成年人/多因一果/侵权责任/按份责任

[裁判要点]

1. 经营者违反法律规定向未成年人售酒并供其饮用，因经营者的过错行为导致未成年人饮酒后遭受人身损害的风险增加，并造成损害后果的，应当认定违法售酒行为与未成年人饮酒后发生的人身损害存在因果关系，经营者依法应当承担相应的侵权责任。

2. 经营者违反法律规定向未成年人售酒并供其饮用、同饮者或者共同从事危险活动者未尽到相应提醒和照顾义务，对该未成年人造成同一损害后果的，应当按照过错程度、原因力大小等因素承担相应的按份赔偿责任。遭受人身损害的未成年人及其监护人对同一损害的发生存在过错的，按照民法典第一千一百七十三条的规定，可以减轻侵权人的

责任。

[基本案情]

胡某甲（殁年 15 周岁）系原告胡某某、王某某之子，其与蒋某某（时年 14 周岁）、陈某（时年 14 周岁）系重庆市某中学初中二年级学生。2018 年 5 月 19 日，胡某甲等人来到重庆市某县德某餐厅为蒋某某庆祝生日，胡某甲提议要喝酒庆祝，蒋某某同意，遂在德某餐厅购买了啤酒，并在该餐厅就餐饮用。胡某甲及蒋某某每人喝了两瓶啤酒后，陈某到达该餐厅。随后，3 人又在该餐厅喝了四瓶啤酒。饭后，胡某甲提议外出玩耍，后遇见陈某某、邓某某、张某某、王某某等 4 人，7 人相约至湖边玩耍。在湖边泡脚戏水过程中，胡某甲不慎后仰溺水。众人试图救援，但未能成功。

胡某某、王某某将德某餐厅、其他 6 名未成年人及其监护人、重庆市某中学等诉至法院，请求共同赔偿胡某甲的死亡赔偿金、丧葬费等损失。另查明，本案共餐和游玩的未成年人均系重庆市某中学初中二年级学生；在日常教学管理中，该中学已经履行教育机构职责，对学生进行了日常安全教育，并完成安全日志、教学笔记等工作。

[裁判结果]

重庆市垫江县人民法院于 2019 年 3 月 19 日作出民事判决：一、由被告德某餐厅赔偿原告胡某某、王某某人民币 21183.36 元；二、由被告蒋某某的监护人赔偿原告人民币 3530.56 元；三、由被告陈某的监护人赔偿原告人民币 2824.45 元；四、由被告王某某的监护人赔偿原告人民币 1412.24 元；五、由被告邓某某的监护人赔偿原告人民币 2118.34 元；六、由被告陈某某的监护人赔偿原告人民币 2118.34 元；七、由被告张某某的监护人赔偿原告人民币 2118.34 元；八、被告重庆市某中学等不承担责任。宣判后，胡某某、王某某、德某餐厅不服，提起上诉。重庆市第三中级人民法院于 2019 年 8 月 8 日作出民事判决：驳回上诉，维持原判。

[裁判理由]

关于本案各被告是否应当对胡某甲的死亡承担赔偿责任的关键在于：各被告基于餐饮经营者、同饮者、同行者等身份在各自的义务范围内是否存在过错，以及该过错与胡某甲溺亡之间是否存在因果关系。

一、关于原告方的责任判定。胡某甲溺水时为初中二年级学生，对自己的行为已经有了一定的认知及判断能力，且已接受学校日常安全教育。本案中，聚餐时胡某甲主动提议饮酒，饮酒后胡某甲实施了下湖戏水等危险行为，且下湖戏水也系由胡某甲提议。胡某甲对自己的死亡存在重大过错。二原告作为其监护人，日常即有放任胡某甲饮酒的情形，且事故发生在周末放假期间，其疏于对胡某甲的管理教育，未履行好监护人职责，对胡某甲的溺亡应当自行承担90%的损失。

二、关于德某餐厅的责任判定。（1）关于德某餐厅是否应当对胡某甲的溺亡后果承担侵权责任。2012年修正的未成年人保护法第三十七条规定："禁止向未成年人出售烟酒，经营者应当在显著位置设置不向未成年人出售烟酒的标志；对难以判明是否已成年的，应当要求其出示身份证件……"德某餐厅作为餐饮经营者，违反未成年人保护法的相关规定，向未成年人售酒，具有明显的违法性；德某餐厅既未通过要求酒水购买者出示身份证件等方式审慎判断其未成年人身份，亦未设置不得向未成年人出售烟酒的标志，还放任未成年人在餐厅内饮酒，具有明显过错。德某餐厅违法向胡某甲售酒并供其饮用，客观上增加了损害发生的风险，售酒行为与胡某甲溺亡后果之间具有一定的因果关系。因此，德某餐厅应当承担侵权责任。（2）关于德某餐厅责任承担形式的判定。本案中，德某餐厅和其他数个行为人之间在胡某甲溺亡这一损害后果产生前，并无共同意思联络，不构成共同侵权，不承担连带责任。售酒行为并非造成溺亡的直接原因，而是与下湖戏水玩耍等行为结合后，才促成损害后果的发生，单独的售酒行为并不能造成全部损害后果，故德某餐厅不应当对全部损害承担责任。德某餐厅向未成年人售酒并供其饮用,增加了未成年人酒后下湖戏水造成人身损害的风险,是导致其溺亡的间接原因。结合其过错程度、原因力大小,法院判决德某餐厅对胡某甲的溺亡承担6%的责任。

三、关于蒋某某等6名未成年人被告及其监护人的责任判定。蒋某某、陈某与胡某甲共同饮酒,酒后蒋某某、陈某、邓某某、陈某某、张某某与胡某甲一同到湖边玩耍并参与了下湖泡脚、戏水等危险行为,以上被告均知晓或者应当知晓胡某甲下湖具有危险性,蒋某某、陈某与其共饮,蒋某某、陈某、王某某、邓某某、陈某某、张某某未制止胡某甲下湖的危险行为,以上被告未能尽到相互照顾、提醒的义务,故对胡某甲的溺亡均应当承担责任。综合考虑蒋某某是生日聚会的组织者并参与饮酒、陈某参与饮酒、王某某下湖救援及其他人共同以不同形式参与救援,且6名被告均系限制民事行为能力人等情形,法院确定由蒋某某对胡某甲的溺亡承担1%的责任,由陈某对胡某甲的溺亡承担0.8%的责任,由王某某对胡某甲的溺亡承担0.4%的责任,由邓某某、陈某某、张某某对胡某甲的溺亡各自承担0.6%的责任。因该6名被告均系限制民事行为能力人,侵权责任依法由各自监护人承担。

此外,经营者违反未成年人保护法的相关规定向未成年人售酒,还应依法承担相应行政责任。本案宣判后,人民法院以司法建议方式向相关部门作了提醒。

[**相关法条**]

《中华人民共和国民法典》第一千一百六十五条、第一千一百七十二条、第一千一百七十三条(本案适用的是2010年7月1日施行的《中华人民共和国侵权责任法》第六条、第十二条、第二十六条)

《中华人民共和国未成年人保护法》第五十九条(本案适用的是2012年10月26日修正的《中华人民共和国未成年人保护法》第三十七条)

指导性案例 228 号

张某诉李某、刘某监护权纠纷案

[关键词]　民事/监护权/未成年人/婚姻关系存续期间/平等监护权

[裁判要点]

1. 在夫妻双方分居期间，一方或者其近亲属擅自带走未成年子女，致使另一方无法与未成年子女相见的，构成对另一方因履行监护职责所产生的权利的侵害。

2. 对夫妻双方分居期间的监护权纠纷，人民法院可以参照适用民法典关于离婚后子女抚养的有关规定，暂时确定未成年子女的抚养事宜，并明确暂时直接抚养未成年子女的一方有协助对方履行监护职责的义务。

[基本案情]

张某（女）与李某于 2019 年 5 月登记结婚，婚后在河北省保定市某社区居住。双方于 2020 年 11 月生育一女，取名李某某。2021 年 4 月 19 日起，张某与李某开始分居，后协议离婚未果。同年 7 月 7 日，李某某之父李某及祖母刘某在未经李某某之母张某允许的情况下擅自将李某某带走，回到河北省定州市某村。此时李某某尚在哺乳期内，张某多次要求探望均被李某拒绝。张某遂提起离婚诉讼，法院于 2022 年 1 月 13 日判决双方不准离婚。虽然双方婚姻关系依旧存续，但已实际分居，其间李某某与李某、刘某共同生活，张某长期未能探望孩子。2022 年 1 月 5 日，张某以监护权纠纷为由提起诉讼，请求判令李某、刘某将李某某送回，并由自己依法继续行使对李某某的监护权。

[裁判结果]

河北省定州市人民法院于 2022 年 3 月 22 日作出民事判决：驳回原告张某的诉讼请求。宣判后，张某不服，提起上诉，河北省保定市中级人民法院于 2022 年 7 月 13 日作出民事判决：一、撤销河北省定州市人民法院一审民事判决；二、李某某暂由上诉人张某直接抚养；三、被上诉人李某可探望李某某，上诉人张某对被上诉人李某探望李某某予以协助配合。

[裁判理由]

本案的争议焦点是：李某某之父李某、祖母刘某擅自带走李某某的行为是否构成侵权，以及如何妥善处理夫妻双方虽处于婚姻关系存续期间但已实际分居时，李某某的抚养监护问题。

第一，关于李某某之父李某、祖母刘某擅自带走李某某的行为是否对李某某之母张某构成侵权。民法典第三十四条第二款规定："监护人依法履行监护职责产生的权利，受法律保护。"第一千零五十八条规定："夫妻双方平等享有对未成年子女抚养、教育和保护的权利，共同承担对未成年子女抚养、教育和保护的义务。"父母是未成年子女的监护人，双方平等享有对未成年子女抚养、教育和保护的权利。本案中，李某、刘某擅自将尚在哺乳期的李某某带走，并拒绝将李某某送回张某身边，致使张某长期不能探望孩子，亦导致李某某被迫中断母乳、无法得到母亲的呵护。李某和刘某的行为不仅不利于未成年人身心健康，也构成对张某因履行监护职责所产生的权利的侵害。一审法院以张某没有证据证明李某未抚养保护好李某某为由，判决驳回诉讼请求，系适用法律不当。

第二，关于婚姻关系存续期间，李某某的抚养监护应当如何处理。本案中，李某某自出生起直至被父亲李某、祖母刘某带走前，一直由其母亲张某母乳喂养，至诉前未满两周岁，属于低幼龄未成年人。尽管父母对孩子均有平等的监护权，但监护权的具体行使应符合最有利于被监护人的原则。现行法律和司法解释对于婚内监护权的行使虽无明确具体规定,考虑到双方当事人正处于矛盾较易激化的分居状态,为最大限度保护未成年子女的利益,参照民法典第一千零八十四条"离婚后,不满两周岁的子女,以由母亲直接抚养为原则"的规定,李某某暂由张某直接抚养为宜。张某在直接抚养李某某期间,应当对李某探望李某某给予协助配合。

[相关法条]

《中华人民共和国民法典》第三十四条、第一千零五十八条、第一百八十四条、第一千零八十六条

《中华人民共和国未成年人保护法》第四条、第二十四条

指导性案例 229 号

沙某某诉袁某某探望权纠纷案

[关键词]　民事/探望权/未成年人/隔代探望/丧子老人

[裁判要点]

未成年人的父、母一方死亡,祖父母或者外祖父母向人民法院提起诉讼请求探望孙子女或者外孙子女的,人民法院应当坚持最有利于未成年人、有利于家庭和谐的原则,在不影响未成年人正常生活和身心健康的情况下,依法予以支持。

[基本案情]

沙某某系丁某某的母亲,其独生子丁某某与袁某某于 2016 年 3 月结婚,于 2018 年 1 月生育双胞胎男孩丁某甲、丁某乙。2018 年 7 月丁某某因病去世。丁某甲、丁某乙一直与袁某某共同生活。沙某某多次联系袁某某想见孩子,均被袁某某拒绝。沙某某遂起诉请求每月 1 日、20

日探望孩子，每次 2 小时。

[裁判结果]

陕西省西安市新城区人民法院于 2021 年 6 月 18 日作出民事判决：原告沙某某每月第一个星期探望丁某甲、丁某乙一次，每次不超过两小时，袁某某应予配合。宣判后，袁某某不服，提起上诉。陕西省西安市中级人民法院于 2021 年 9 月 28 日作出民事判决：驳回上诉，维持原判。

[裁判理由]

沙某某系丁某甲、丁某乙的祖母，对两个孩子的探望属于隔代探望。虽然我国法律并未对祖父母或者外祖父母是否享有隔代探望权作出明确规定，但探望权系与人身关系密切相关的权利，通常基于血缘关系产生；孩子的父、母一方去世的，祖父母与孙子女的近亲属关系不因父或母去世而消灭。祖父母隔代探望属于父母子女关系的延伸，符合我国传统家庭伦理观念，符合社会主义核心价值观及公序良俗。隔代探望除满足成年亲属对未成年人的情感需求外，也是未成年人获得更多亲属关爱的一种途径。特别是在本案沙某某的独生子丁某某已经去世的情况下，丁某甲、丁某乙不仅是丁某某和袁某某的孩子，亦系沙某某的孙子，沙某某通过探望孙子，获得精神慰藉，延续祖孙亲情，也会给两个孩子多一份关爱，有利于未成年人健康成长，袁某某应予配合。同时，隔代探望应当在有利于未成年人成长和身心健康、不影响未成年人及其母亲袁某某正常生活的前提下进行，探望前应当做好沟通。

[相关法条]

《中华人民共和国民法典》第十条、第一千零四十三条、第一千零四十五条、第一千零八十六条

聚焦守护未成年人健康成长

——最高人民法院第40批指导性案例（指导性案例225—229号）的理解与参照

喻海松[*]　贾玉慧[**]　师晓东[***]　吕晓蕾[****]

2024年5月30日，最高人民法院发布第40批指导性案例（指导性案例225—229号）。这是最高人民法院首次发布未成年人司法保护专题指导性案例。本专题指导性案例聚焦守护未成年人健康成长，以鲜明的司法态度回应学生霸凌、虐待未成年家庭成员、违法向未成年学生售酒、婚内监护权、隔代探望等社会高度关注的问题，统一类案裁判尺度。为便于司法实践中正确理解和准确参照，现就本专题指导性案例的编选背景、主要考虑及理解与参照应当注意的问题等介绍如下。

一、第40批指导性案例的编选背景

少年儿童是祖国的未来，是中华民族的希望。党的十八大以来，以习近平同志为核心的党中央高度重视少年儿童工作，关心关爱少年儿童的成长成才，对新时代少年儿童事业发展作出一系列重大部署，为加强未成年人保护、预防未成年人犯罪提供了根本遵循，指明了前进方向。

---

[*] 最高人民法院研究室副主任。
[**] 最高人民法院研究室司法解释协调和案例指导处负责人。
[***] 最高人民法院研究室司法解释协调和案例指导处干部。
[****] 最高人民法院研究室司法解释协调和案例指导处干部。

最高人民法院和地方各级人民法院坚持以习近平新时代中国特色社会主义思想为指导，深入贯彻习近平法治思想，依法审理涉及未成年人权益的各类案件，坚决严惩侵害未成年人权益违法犯罪。2023年，人民法院审结侵害未成年人刑事案件4.1万件6.1万人，同比增长28.5%。针对涉及未成年人的热点难点问题，最高人民法院通过制定司法解释、规范性文件、发布典型案例等务实举措，统一司法裁判标准，促推未成年人综合保护，取得良好效果。

为进一步强化对未成年人权益的保护，统一涉学生霸凌、虐待未成年家庭成员、违法向未成年学生售酒、婚内监护权、隔代探望等案件的裁判尺度，在全国人大常委会法工委、最高人民检察院、教育部、民政部等部门的大力支持下，经认真研究、广泛听取意见，最高人民法院编选了首批未成年人司法保护专题指导性案例。2024年5月20日，最高人民法院审判委员会第1920次会议审议通过了该批指导性案例。2024年5月30日，最高人民法院将江某某正当防卫案以及陈某某、刘某某故意伤害、虐待案等五个案例（指导性案例225—229号），作为第40批指导性案例发布，供审判类似案件时参照。

二、第40批指导性案例编选的主要考虑

本批未成年人司法保护专题指导性案例的编选主要基于如下三个方面的考虑。

一是融会贯通各类涉未成年人审判职能，全方位加强未成年人司法保护。本批指导性案例同时涉及刑事、民事等审判领域，是新时代新征程人民法院融会贯通各类涉未成年人审判职能，做实一体保护的集中体现，有利于指导地方各级人民法院强化一体保护意识，在办理未成年人案件过程中，同时关注民事与行政权益保护、刑事犯罪预防和惩治及公共利益维护等。一方面，坚持对侵害未成年人犯罪零容忍。例如，陈某某、刘某某故意伤害、虐待案（指导性案例226号）对虐待、故意伤

害未成年人的行为人予以严惩，依法判处重刑；另一方面，以儿童利益最大化作为未成年人审判的出发点和落脚点。例如，沙某某诉袁某某探望权纠纷案（指导性案例229号）准许隔代探望，就是为了使未成年人可以获得更多来自成年亲属的关爱，促进家庭和谐，为未成年人健康成长营造良好的家庭环境。

二是遵循最有利于未成年人原则，促推"六大保护"融合发力。例如，张某诉李某、刘某监护权纠纷案（指导性案例228号）坚持以最有利于未成年人的原则处理婚姻关系存续但实际分居期间未成年子女抚养监护问题，特别是对不满2周岁的子女以由母亲直接抚养为原则，以最大限度避免相关纠纷对未成年人产生不利影响，促推强化未成年人家庭保护。又如，江某某正当防卫案（指导性案例225号）依法保护被霸凌者的合法权益，有利于规范学生霸凌事件的处理，有效防范和减少相关事件的发生，为未成年人健康成长营造良好校园环境。再如，胡某某、王某某诉德某餐厅、蒋某某等生命权纠纷案（指导性案例227号）明确经营者违法向未成年人售酒并供其饮用的性质认定、责任承担等裁判规则，传递清晰的司法导向，有利于促推经营者落实法律规定，切实履行不向未成年人售酒的法定责任，强化对未成年人的社会保护。

三是做好未成年人案件审判延伸工作，不断提升案件办理的法律效果和社会效果。未成年人审判工作不能简单地"就案办案"，而应当根据案件情况开展社会调查、社会观护、心理疏导、法庭教育、家庭教育、司法救助、回访帮教等延伸工作。陈某某、刘某某故意伤害、虐待案（指导性案例226号）就是适例，人民法院在案发后及时撤销被害人母亲的监护人资格，并对未成年被害人进行心理辅导，协调解决入学和生活困难等问题，正是做好未成年人案件审判延伸工作的应有之义，让未成年人及其家庭感受到司法的温度和社会的温暖。

三、理解与参照应当注意的重点问题

（一）江某某正当防卫案（指导性案例225号）

本案例明确因学生霸凌引发的防卫行为与相互斗殴的界分规则，以及所涉防卫限度条件的认定规则，有利于指导人民法院依法妥当处理涉学生霸凌正当防卫案件，促进规范学生霸凌事件的处理，有效防范和减少相关事件的发生，为未成年人健康成长营造良好校园环境。

1. 对学生霸凌行为不能排除正当防卫的适用

刑法第二十条第一款规定："为了使国家、公共利益、本人或者他人的人身、财产和其他权利免受正在进行的不法侵害，而采取的制止不法侵害的行为，对不法侵害人造成损害的，属于正当防卫，不负刑事责任。"据此，对正在进行的不法侵害，可以进行正当防卫。未成年人保护法第一百三十条第三项规定："学生欺凌，是指发生在学生之间，一方蓄意或者恶意通过肢体、语言及网络等手段实施欺压、侮辱，造成另一方人身伤害、财产损失或者精神损害的行为。"可见，学生欺凌的范围较为宽泛，而学生霸凌则属于其中直接针对人身、财产等权利进行侵害且形成现实、紧迫危险的行为，故而对学生霸凌行为，依法可以进行正当防卫，不因涉事双方系未成年学生而排除适用。

2. 对因学生霸凌引发的防卫案件的处理应当充分考虑未成年人身心特点

由于学生霸凌发生在学生之间，决定了所引发的正当防卫案件的司法认定具有复杂性。未成年人具有身心发育尚未成熟、容易冲动等特点，导致其在面对霸凌不法侵害时，心理承受能力较差，辨认和控制能力有所欠缺，对防卫方式的选择及限度的把握可能难以达到成年人的理性程度。基于此，对类似案件的处理，应当采取与处理发生在成年人之间的正当防卫案件有所区别的规则，特别是不能对未成年防卫人提出过于严苛的要求，而应当立足防卫时的具体情境，从同年龄段未成年人一般认知角度出发进行判断，最大限度保护未成年人合法权益。基于此，本案例针对案件具体情况，着重从防卫行为与相互斗殴的界分、防卫限度的判断两个方面提炼裁判要点。

一方面，关于防卫行为与相互斗殴的界分。本案中，江某某在遭受学生霸凌时被迫反击，具有防卫意图。面对孙某某等人的霸凌，江某某明显处于被迫状态。江某某面对孙某某等人的霸凌，虽曾有不甘示弱的言语，但考虑未成年人身心特点，结合江某某所处具体情境，不能仅以江某某个别言语就认定其有斗殴故意，进而否定其具有防卫意图。基于此，本案例的裁判要点之一明确："对于因学生霸凌引发的防卫行为与相互斗殴的界分，应当坚持主客观相统一原则，通过综合考量案发起因、是否为主要过错方、是否纠集他人参与打斗等情节，结合同年龄段未成年人在类似情境下的可能反应，准确判断行为人的主观意图和行为性质。不能仅因行为人面对霸凌时不甘示弱、使用工具反击等情节，就影响对其防卫意图的认定。"

另一方面，关于防卫限度的认定。本案中，江某某在被群殴以及被群殴倒地仍遭对方掌掴的情况下，借助工具防卫反击时，不法侵害正在进行，符合正当防卫的时间条件。而且，江某某系在被殴打的情况下被迫实施防卫，虽然不法侵害人未使用工具，江某某使用刀具反击，但是江某某防卫使用的折叠刀并非管制刀具，而对方多达 15 人，双方实力悬殊，且江某某先后两次被打倒在地并被群殴。江某某情急之下持刀自卫，在手段上合乎情理，反击行为限于对抗不法侵害，并非主动攻击对方，手段有所节制。故整体而言，防卫行为没有明显超过必要限度。基于此，本案例的裁判要点之二明确："对于防卫是否'明显超过必要限度'，应当立足防卫时的具体情境，从同年龄段未成年人一般认知的角度，综合学生霸凌中不法侵害的性质、手段、强度、危害后果和防卫的时机、手段、强度、损害后果等情节，考虑双方力量对比，作出合理判断。"

3. 对学生欺凌要注重综合治理、源头治理

一方面,落实未成年人保护法及相关规定,学校应当建立学生欺凌防控工作制度,对教职员工、学生等开展防治学生欺凌的教育和培训;严格落实学生欺凌报告制度,教职员工一旦发现学生遭受欺凌,应当主动予以制止,并及时向学校报告;对情节严重的欺凌事件,要向上级教育主管部门报告,并迅速联络公安机关介入处置,配合相关部门依法处理。学校未依法履行职责的,应当依法承担相应法律责任。另一方面,家长要做好家庭教育,注重家风建设,加强对未成年人的管教,注重未成年人思想品德教育和良好行为习惯培养,从源头上预防学生欺凌和暴力行为发生。特别是,监护人对实施霸凌的未成年人应当加强管教,并配合学校和相关部门的处理。特别需要指出的是,选用本案例作为指导性案例,是因为被告人的行为完全符合正当防卫的认定条件,本案例对于正确处理涉未成年人的正当防卫案件具有指导意义,这绝不意味着我们支持"以暴制暴"。未成年人在遇到学生欺凌时,在有条件的情况下,还是应当及时向老师、家长报告,以免让自己遭受更大的伤害。

(二)陈某某、刘某某故意伤害、虐待案(指导性案例226号)

本案例在适当拓展虐待罪中"家庭成员"范围的基础上,明确了虐待、故意伤害未成年人案件中"以特别残忍手段致人重伤造成严重残疾"的认定标准,充分体现对未成年人的特殊、优先保护。

1. 关于虐待罪中"家庭成员"的范围

民法典第一千零四十五条第三款规定:"配偶、父母、子女和其他共同生活的近亲属为家庭成员。"对于刑法第二百六十条虐待罪中"家庭成员"的范围,实践中通常按照民法典上述规定予以把握。但随着经济社会发展,家庭关系出现一些新情况,未婚同居或者离异后同居现象增多,所涉成员是否属于刑法第二百六十条规定的"家庭成员",则

存在不同认识。对此，反家庭暴力法第三十七条规定："家庭成员以外共同生活的人之间实施的暴力行为，参照本法规定执行。"由此，有观点主张，将"共同生活的人"认定为"家庭成员"。但也有观点认为，由于反家庭暴力法的表述为"参照"，故不能将"共同生活的人"与"家庭成员"直接等同。

基于根据时代发展和社会变迁妥当适用刑法，最大限度保护未成年人合法权益的考虑，有必要适度拓展虐待罪中"家庭成员"的范围。本案中，被告人陈某某与被害人母亲刘某某系同居关系，陈某某与刘某某及被害人童某某处于较为稳定的共同生活状态，已形成事实上的家庭关系。陈某某在与刘某某及童某某共同生活期间，以殴打、体罚、冻饿、凌辱等方式，长期、频繁地对童某某进行摧残、折磨，情节恶劣，已构成虐待罪。基于此，本案例的裁判要点之一明确："与父（母）的未婚同居者处于较为稳定的共同生活状态的未成年人，应当认定为刑法第二百六十条规定的'家庭成员'。"

2. 关于故意伤害罪与虐待罪的罪数处断

在经常性、持续性的虐待过程中出现故意伤害行为造成被害人轻伤以上后果的，考虑到所涉故意伤害行为实际为虐待罪的"多余行为"，不能为虐待罪所评价，故应当以故意伤害罪论处；而对故意伤害行为以故意伤害罪论处之后，对除此之外的虐待行为并未予以全面评价，故应当确立以故意伤害罪与虐待罪数罪并罚的规则。

本案中，在经常性、持续性的虐待过程中，被告人陈某某采用烟头烫、热水淋、拳打脚踢等暴力手段多次直接伤害童某某身体，造成被害人一处重伤、十处轻伤等严重后果，所涉故意伤害行为不能为虐待罪所评价，应当以故意伤害罪论处。被告人刘某某作为童某某的母亲，一再放任陈某某伤害童某某，并时而参与致童某某轻伤，其行为亦构成故意伤害罪。此外，二被告人经常性、持续性的虐待行为亦构成虐待罪，如对二被告人的犯罪行为仅以故意伤害罪论处，并不能全面评价其虐待行为，故应当以故意伤害罪与虐待罪数罪并罚。

基于此，本案例的裁判要点之二明确："在经常性的虐待过程中，行为人对被害人实施严重暴力，主观上希望或者放任、客观上造成被害人轻伤以上后果的，应当认定为故意伤害罪；如果将该伤害行为独立评价后，其他虐待行为仍符合虐待罪构成要件的，应当以故意伤害罪与虐待罪数罪并罚。"

3. 关于故意伤害未成年人案件中"严重残疾"的认定

根据刑法第二百三十四条第二款的规定，故意伤害"致人死亡或者以特别残忍手段致人重伤造成严重残疾的"，处十年以上有期徒刑、无期徒刑或者死刑。对于何为"严重残疾"，《全国法院维护农村稳定刑事审判工作座谈会纪要》（法〔1999〕217号）和《最高人民法院关于审理故意杀人、故意伤害案件正确适用死刑问题的指导意见》（2009年8月3日）均规定，对于故意伤害案件，一般将六级以上残疾视为"严重残疾"。从多年实践情况来看，上述规则有利于严格把握升档量刑标准，在一般故意伤害案件的处理之中实施效果良好。但是，在极个别案件的处理之中，一律要求六级以上残疾才能认定为"严重残疾"，可能不利于对被告人罚当其罪，也不利于对被害人权益的有效维护。一方面，可能存在虽然残疾程度未达到六级以上，但对身体不同部位造成多处不同类别残疾，特别是多个七级或者接近等级残疾的情况，对此单一来看可能未达"严重残疾"，但综合观之可谓不亚于"严重残疾"；另一方面，未成年人的身心具有一定特殊性，正处于身心发育的重要阶段，伤害造成的同样残疾后果，对未成年人身心健康的影响，无疑会远超成年人。

本案中，被害人身体不同部位遭受伤害造成多处残疾，其中，一处七级残疾、三处九级残疾，对未成年人身心健康损害极其严重。基于此，本案例的裁判要点之三明确："对于故意伤害未成年人案件，认定是否符合刑法第二百三十四条第二款规定的以特别残忍手段致人重伤造成'严重残疾',应当综合考量残疾等级、数量、所涉部位等情节,以及伤害后果对未成年人正在发育的身心所造成的严重影响等因素,依法准确作出判断。"

(三)胡某某、王某某诉德某餐厅、蒋某某等生命权纠纷案（指导性案例227号）

本案例的裁判要点明确了经营者违反法律规定向未成年人售酒并供其饮用造成损害后果的侵权责任承担规则,有利于引导售酒者合法经营,强化社会责任,切实落实未成年人保护法及相关法律的规定。

1. 关于违法向未成年人售酒并供其饮用的责任认定

关于经营者违反法律规定向未成年人售酒并供其饮用,导致未成年人饮酒后遭受人身损害的风险增加,并造成损害后果的,是否需要承担民事侵权责任,司法实践中存在不同认识。本案裁判法院认定经营者依法应当承担相应的侵权责任。

首先,经营者向未成年人售酒具有明显的违法性。1999年公布的预防未成年人犯罪法即规定任何经营场所不得向未成年人售酒。现行未成年人保护法第五十九条第一款亦明确禁止向未成年人售酒,并规定"对难以判明是否是未成年人的,应当要求其出示身份证件"。可见,不得向未成年人售酒已经成为法律明文规定的经营者禁止性义务。

其次,经营者向未成年人售酒,无论明知是未成年人而故意售酒,还是难以从外表上判断出未成年人又未要求查看身份证的过失售酒,均因该行为的违法性可成立侵权法上的过错,纳入侵权法予以否定性评价的行为范围。特别是本案中,德某餐厅不仅违反法律规定向胡某甲等未成年人售酒,还放任其在餐厅内饮用,具有明显过错。

最后,由于未成年人身心发育尚不成熟,酒精会对其神经产生更为严重的刺激和麻痹作用,使其自我控制和行动能力受限,增加酒后损害发生的风险。换言之,经营者向未成年人售酒并供其饮用的过错行为,导致未成年人饮酒后风险增加进而造成损害，符合过错行为产生特定风险、特定风险引发损害后果的因果关系链条，可判定违法售酒并放任饮用的行为与未成年人酒后遭受的人身损害具有相当因果关系。

基于此，本案例的裁判要点之一明确："经营者违反法律规定向未成年人售酒并供其饮用，因经营者的过错行为导致未成年人饮酒后遭受人身损害的风险增加，并造成损害后果的，应当认定违法售酒行为与未成年人饮酒后发生的人身损害存在因果关系，经营者依法应当承担相应的侵权责任。"

2. 关于多因一果数人侵权中赔偿责任的认定规则

基于自己责任的侵权法原理，每个民事主体需为自己行为造成的损害后果承担责任。本案中，未成年人酒后溺亡的损害后果系由多种因素造成的：既有死者饮酒、戏水等将自身置于危险之中的行为，也有监护人疏于管理教育的不作为，还有共同参加饮酒或者共同从事危险活动的未成年人未尽到相互照顾、提醒义务的因素，以及餐饮经营者向未成年人售酒的违法行为。以上各民事主体的单个行为都不足以造成溺亡这一损害后果，但各行为在不同时空相结合，最终引发了溺亡事件，造成同一损害后果，属于多因一果的数人侵权。此时，应当按照各个行为人的过错程度、原因力大小等因素，由经营者及未成年人的监护人分别承担相应的按份赔偿责任或者自行承担责任。具体而言：首先，关于饮酒未成年人及其监护人自行承担的责任。民法典第一千一百七十三条规定："被侵权人对同一损害的发生或者扩大有过错的，可以减轻侵权人的责任。"本案中，胡某甲溺水时为初中二年级学生，对自己的行为已经有了一定的认知及判断能力，且已接受学校日常安全教育。聚餐时，胡某甲主动提议饮酒，饮酒后又实施了下湖戏水等危险行为。而且，下湖戏水也系由胡某甲提议。可见，胡某甲对自己的死亡存在重大过错，且其过错行为是造成损害结果的直接原因。胡某甲的父母作为胡某甲的监护人，日常即有放任胡某甲饮酒的行为，且事故发生在周末放假期间，疏于对胡某甲的管理教育，未履行好监护人职责，对胡某甲的溺亡应当自行承担90%的责任。其次，关于经营者的责任。如前所述，经营者售酒属于独立的经营行为，与其他侵权人并无意思联络，不属于共同侵权行为。在经营者售酒并供未成年人饮用后，侵权行为导致的危险状态一直持续，且与其他侵权行为相结合造成了损害结果。但是，侵权行为与损害后果之间的因果关系相对较远，原因力相对较弱。本案中，综合考量饮酒未成年人自身及监护人、经营者等过错程度及原因力大小，认定经营者承担6%的按份责任。最后，关于共同参加饮酒或者共同从事危险活动者的责任。侵权法上，侵害他人民事权益的加害行为分为作为和不作为两种。当行为人对他人负有特定的作为义务而未履行，以致侵害他人民事权益的，构成不作为的加害行为。而作为义务的来源就包括先前行为在内。在聚会饮酒中，饮酒人基于共饮行为的先前行为，对其他饮酒人饮酒后的风险增加具有合理的注意义务。违反相关注意义务的，应当认定构成侵权。而共同从事危险活动的同行者对于损害后果的发生存在过错的，亦应认定构成侵权。本案中，同饮者、同行者均为未成年学生，在责任范围认定上均应予以适当降低（各自承担0.4%至1%的责任），并依法由其法定监护人承担损害赔偿的替代责任。

基于此，本案例的裁判要点之二明确："经营者违反法律规定向未成年人售酒并供其饮用、同饮者或者共同从事危险活动者未尽到相应提醒和照顾义务，对该未成年人造成同一损害后果的，应当按照过错程度、原因力大小等因素承担相应的按份赔偿责任。遭受人身损害的未成年人及其监护人对同一损害的发生存在过错的，按照民法典第一千一百七十三条的规定，可以减轻侵权人的责任。"

顺带提及的是，根据未成年人保护法的规定，经营者违法向未成年人售酒，还应当依法承担相应行政责任。故而，本案宣判后，人民法院以司法建议方式向相关部门作了提醒，共同推动国家和社会治理。

（四）张某诉李某、刘某监护权纠纷案（指导性案例 228 号）

本案例是首例婚内监护权纠纷指导性案例，为人民法院审理婚内监护权纠纷提供了裁判指引，有效解决了当事人婚姻关系存续但实际分居期间的抚养监护争议难题，填补了立法空白。

1. 夫妻关系存续期间一方擅自带走未成年子女行为的定性

在婚姻家事纠纷中，父母一方为取得对未成年子女的直接抚养权或者以未成年子女作为筹码从而达到某种目的，擅自带走未成年子女甚至抢夺、藏匿未成年子女的现象时有发生。民法典第三十四条第二款规定："监护人依法履行监护职责产生的权利，受法律保护。"第一千零五十八条规定："夫妻双方平等享有对未成年子女抚养、教育和保护的权利，共同承担对未成年子女抚养、教育和保护的义务。"父母是未成年子女的监护人，双方平等享有对未成年子女抚养、教育和保护的权利。一方擅自带走未成年子女，致使另一方无法与未成年子女相见的，构成对另一方因履行监护职责所产生的权利的侵害。另一方以监护权纠纷为由提起诉讼的，人民法院应予受理。关于侵害监护权的民事责任问题，根据民法典第一千零一条的规定，在没有其他法律规定的情况下，可以参照适用民法典人格权编人格权保护的有关规定。而民法典第九百九十五条明确规定了侵害人格权的，应当承担民事责任。

本案中，李某、刘某擅自将尚在哺乳期的李某某带走，并拒绝将李某某送回张某身边，直接导致李某某被迫中断母乳喂养，无法得到母亲的呵护，故李某、刘某的上述行为不利于保护未成年人身心健康发展。张某与李某对李某某享有法律规定的平等监护权，一方行使监护权时不应当侵害、妨碍另一方行使权利。李某和刘某的行为致使张某长期不能探望未成年子女，是对母亲平等监护权的不当侵害，构成侵权。

基于此，本案例的裁判要点之一明确："在夫妻双方分居期间，一方或者其近亲属擅自带走未成年子女，致使另一方无法与未成年子女相见的，构成对另一方因履行监护职责所产生的权利的侵害。"

2. 婚姻关系存续期间未成年子女直接抚养案件的处理

根据民法典第一百七十九条的规定，承担民事责任的方式包括停止侵害、排除妨碍等形式。因擅自带走未成年子女提起的监护权诉讼，本质上是请求停止对其监护权的侵害，以保障其行使监护权不受妨碍。现行法律和司法解释对于婚内监护权的行使尚无明确具体规定。鉴于监护权是一种特殊的人身权，在未成年子女监护中，父母的监护权具有权利义务双重属性，且关涉未成年子女的生活、教育权利实现，故在确定直接抚养方时，应当遵循最有利于未成年人的原则妥善处理。民法典第一千零八十四条第三款中"离婚后，不满两周岁的子女，以由母亲直接抚养为原则"的规定，充分体现了最有利于未成年子女的原则，故人民法院可以参照适用该规定，暂时确定未成年子女的抚养事宜。同时，民法典第一千零八十六条第一款规定："离婚后，不直接抚养子女的父或者母，有探望子女的权利，另一方有协助的义务。"参照适用该规定，暂时直接抚养未成年子女的一方负有协助对方履行监护职责的义务。

本案中，李某某自出生起直至被父亲李某、祖母刘某带走前，一直由其母亲张某母乳喂养，至诉前未满2周岁，属于低幼龄未成年人。考虑到双方当事人正处于矛盾较易激化的分居状态，为最大限度保护未成年子女的利益，参照民法典第一千零八十四条第三款关于"离婚后，不满两周岁的子女，以由母亲直接抚养为原则"的规定，法院生效裁判判决：李某某暂由其母亲张某直接抚养；李某可探望李某某，张某对李某探望李某某予以协助配合。

基于此，本案例的裁判要点之二明确："对夫妻双方分居期间的监护权纠纷，人民法院可以参照适用民法典关于离婚后子女抚养的有关规定，暂时确定未成年子女的抚养事宜，并明确暂时直接抚养未成年子女的一方有协助对方履行监护职责的义务。"

（五）沙某某诉袁某某探望权纠纷案（指导性案例229号）

本案例是首例隔代探望指导性案例。本案例的裁判要点明确："未成年人的父、母一方死亡，祖父母或者外祖父母向人民法院提起诉讼请求探望孙子女或者外孙子女的，人民法院应当坚持最有利于未成年人、有利于家庭和谐的原则，在不影响未成年人正常生活和身心健康的情况下，依法予以支持。"

1. 关于法院受理隔代探望纠纷的法律依据

民法典第一千零四十五条第一款、第二款规定："亲属包括配偶、血亲和姻亲。配偶、父母、子女、兄弟姐妹、祖父母、外祖父母、孙子女、外孙子女为近亲属。"在日常生活中，祖父母或者外祖父母看望孙子女或者外孙子女属于人伦常理。对此，民法典草案（一审稿）曾规定："祖父母、外祖父母探望孙子女、外孙子女的，参照适用前条规定（父母探望权规定——编者注）。"二审稿又对隔代探望权作出了限制，明确："祖父母、外祖父母探望孙子女、外孙子女的，如果其尽了抚养义务或者孙子女、外孙子女的父母一方死亡的，可以参照适用前条规定。"后又删去相关规定。对此，全国人大常委会法工委有关工作人员指出："鉴于各方面对此尚未形成共识，可以考虑暂不在民法典中规定，祖父母、外祖父母行使隔代探望权，如与直接抚养子女的一方不能协商一致，可以通过诉讼方式来解决。"① 可见，立法并没有否定司法裁判保障隔代探望权行使的途径。而且，隔代探望属于父母子女关系的延伸，祖孙间的情感纽带构成了隔代探望的合理性基础。对此，民法典第十条规定："处理民事纠纷，应当依照法律；法律没有规定的，可以适用习惯，但是不得违背公序良俗。"第一千零四十三条规定："家庭应当树立优良家风，弘扬家庭美德，重视家庭文明建设。夫妻应当互相

---

① 黄薇主编：《中华人民共和国民法典婚姻家庭编释义》，法律出版社2020年版，第172页。

忠实，互相尊重，互相关爱；家庭成员应当敬老爱幼，互相帮助，维护平等、和睦、文明的婚姻家庭关系。"上述规定为有关家庭关系纠纷的处理指明了方向并预留了空间。

此外，从未成年子女的角度而言，未成年人保护法第十六条规定："未成年人的父母或者其他监护人应当履行下列监护职责：……（二）关注未成年人的生理、心理状况和情感需求……"老年人权益保障法第十三条规定："老年人养老以居家为基础，家庭成员应当尊重、关心和照料老年人。"隔代探望能够满足隔代亲属与未成年人之间的双向情感需求，既有利于未成年人的健康成长，也有利于保障老年人合法权益。

2. 关于隔代探望权行使的适当限制

祖父母、外祖父母探望孙子女、外孙子女虽然符合公序良俗，具有法律基础，但亦应在实践操作之中予以适当限制，以确保隔代探望权妥当行使。首先，通常而言，只有未成年人的父、母一方死亡的，才存在祖父母、外祖父母隔代探望权行使的问题。其次，隔代探望应当在有利于未成年人成长和身心健康，不影响未成年人及其父或母正常生活的前提下进行，探望前应当做好沟通。人民法院在审理中应注意审查隔代长辈与法定监护人之间的矛盾尖锐程度，坚持有利于家庭和谐的目的，确保隔代探望权的行使不会加剧矛盾，为未成年人的健康成长营造良好家庭环境。

做实一体保护、做好审判延伸
全方位守护未成年人健康成长

——最高人民法院研究室负责人就首批未成年人司法保护专题指导性案例答记者问

在"六一"国际儿童节来临之际,最高人民法院发布第40批指导性案例(指导性案例225—229号)。这是最高人民法院首次发布未成年人司法保护专题指导性案例。为便于社会各界和各级人民法院全面准确理解本批专题指导性案例的内容和精神,最高人民法院研究室负责人回答了记者提问。

问:请介绍一下首批未成年人司法保护专题指导性案例有哪些鲜明特色。

答:每年"六一"国际儿童节前夕,利用这个特殊的时间节点发布一些涉未成年人司法保护的典型案例,是我们通常的做法。2024年有所不同,我们利用这样一个特殊的时间节点,发布首批未成年人司法保护专题指导性案例。概括而言,本批指导性案例具有以下三方面的特点。

一是案例类型多样。本批指导性案例涵括的范围较广,涉及学生霸凌、虐待未成年家庭成员、违法向未成年学生售酒、婚内监护权、隔代探望等问题。可以说，这些问题备受社会关注，属于涉未成年人的多发案件。相关案例虽然类型各有不同，但都体现了人民法院对侵害未成年人违法犯罪严惩不贷，对未成年人实行特殊、优先保护的司法政策。

二是案例意义重大。本批指导性案例涵括了不少首例指导性案例。例如，《张某诉李某、刘某监护权纠纷案》（指导性案例228号）系首例婚内监护权指导性案例，《沙某某诉袁某某探望权纠纷案》（指导性案例229号）系首例隔代探望的指导性案例。这些指导性案例在推动建立司法裁判规则甚至填补立法空白方面发挥了积极作用。例如，民法典未对祖父母、外祖父母的隔代探望权作出规定。如果说立法尚可以留有适度空白，司法则不得拒绝裁判。对此，《沙某某诉袁某某探望权纠纷案》（指导性案例229号）明确对未成年人的父、母一方死亡的，在不影响未成年人正常生活和身心健康的情况下，依法支持祖父母或者外祖父母隔代探望，旨在针对司法实践中业已出现的案件明确裁判规则，确保相关案件得到妥当审理。

三是案例效力较高。与以往发布的涉未成年人司法保护典型案例有所不同，这次发布的是专题指导性案例。对于最高人民法院发布的指导性案例，各级人民法院审判类似案件时应当参照，且在裁判文书中的裁判理由部分可以引述相关指导性案例。可见，本批案例的效力位阶较高，各级人民法院应当严格依据法律、司法解释、规范性文件，参照本批专题指导性案例，切实做好涉未成年人案件的审判工作，为未成年人健康成长提供有力司法保护。

问：请介绍一下首批未成年人司法保护专题指导性案例选取的主要考虑。

答：本批未成年人司法保护专题指导性案例的编选主要基于如下三个方面的考虑。

一是融合贯通涉未成年人各类审判职能，全方位加强未成年人司法保护。本批指导性案例同时涉及刑事、民事等审判领域，正是新时代新征程人民法院融合贯通涉未成年人各类审判职能，做实一体保护的集中体现，有利于指导地方各级人民法院强化一体保护意识，在办理未成年人案件过程中，同时关注民事、行政权益保护、刑事犯罪预防和惩治及公共利益维护等。一方面，坚持对侵害未成年人犯罪零容忍。例如，《陈某某、刘某某故意伤害、虐待案》（指导性案例226号）对虐待、故意伤害未成年人的行为人予以严惩，依法判处重刑。另一方面，以儿童利益最大化作为未成年人审判的出发点和落脚点。例如，《沙某某诉袁某某探望权纠纷案》（指导性案例229号）准许隔代探望，就是为了使未成年人可以获得更多来自成年亲属的关爱，促进家庭和谐，为未成年人健康成长营造良好的家庭环境。

二是贯彻落实最有利于未成年人原则，促推"六大保护"的有机衔接和融合发力。例如，《张某诉李某、刘某监护权纠纷案》（指导性案例228号）坚持以最有利于未成年人的原则处理婚姻关系存续但实际分居期间未成年子女抚养监护问题，特别是对不满2周岁的子女以由母亲直接抚养为原则，以最大限度避免相关纠纷对未成年人产生不利影响，促推未成年人家庭保护。又如，《江某某正当防卫案》（指导性案例225号）依法保护被霸凌者的合法权益，有利于规范学生霸凌事件的处理，有效防范和减少相关事件的发生，为未成年人健康成长营造良好校园环境。再如，《胡某某、王某某诉德某餐厅、蒋某某等生命权纠纷案》（指导性案例227号）明确经营者违法向未成年人售酒并供其饮用的性质认定、责任承担等裁判规则，传递清晰的司法导向，有利于促推经营者落实法律规定，切实履行不向未成年人售酒的法定责任。

三是做好未成年人案件审判延伸工作，不断提升案件办理的法律效果和社会效果。未成年人审判工作不能简单地"就案办案"，而应当坚持能动履职，根据案件情况开展社会调查、社会观护、心理疏导、法庭教育、家庭教育、司法救助、回访帮教等延伸工作。《陈某某、刘某某故意伤害、虐待案》（指导性案例226号）就是适例，人民法院在案发后及时撤销被害人母亲的监护人资格，并对未成年被害人进行心理辅导、协调解决入学、生活困难等问题，正是做好未成年人案件审判延伸工作的应有之义，让未成年人及其家庭感受到司法的温度和社会的温暖。

问：《江某某正当防卫案》（指导性案例225号）是一件涉学生霸凌的案例。请谈谈如何才能有效防范和应对学生霸凌事件。

答：近年来，全社会共同强化对学生欺凌的综合治理，不断健全完善各项预防和处置机制，取得明显成效。但有的地方学生欺凌事件仍时有发生，个别学生霸凌行为引发了恶性事件，严重损害学生身心健康，引发社会广泛关注，影响非常恶劣。如何有效防范和有力应对学生霸凌，每个家庭都非常关心。《江某某正当防卫案》（指导性案例225号）发布，旨在依法保护被霸凌者的合法权益，促进规范学生霸凌事件的处理，有效防范和减少相关事件的发生，为未成年人健康成长营造良好校园环境。

有效防范和减少学生霸凌需要全社会共同努力，应当注重综合治理、源头治理。根据未成年人保护法及相关规定，学校应当建立学生欺凌防控工作制度，对教职员工、学生等开展防治学生欺凌的教育和培训；严格落实学生欺凌报告制度，教职员工一旦发现学生遭受欺凌，应当主动予以制止，并及时向学校报告；对情节严重的欺凌事件，要向上级教育主管部门报告，并迅速联络公安机关介入处置，配合相关部门依法处理。对于学生霸凌事件，考虑到双方均系未成年人，在有条件的情况下，被霸凌者及周边同学要及时向老师、家长报告，不宜轻易直接还击甚至"以暴制暴"，以免遭受更大的损害。学校对学生霸凌行为应当立即制止并依法处理。需要指出的是，学校未依法履行职责的，应当依法承担相应法律责任。

此外，家长要做好家庭教育，注重家风建设，加强对孩子的管教，注重孩子思想品德教育和良好行为习惯培养，从源头上预防学生欺凌和暴力行为发生。特别是，监护人对实施霸凌的未成年人应当加强管教，并配合学校和相关部门的处理。同样，监护人未依法履行职责的，应当依法承担相应法律责任。

问：《陈某某、刘某某故意伤害、虐待案》（指导性案例226号）是一件惩处虐待未成年人犯罪的刑事案例。请问人民法院在惩处侵害未成年人犯罪方面采取了哪些措施？

答：侵害未成年人刑事案件屡屡引发社会关注，体现了全社会对未成年人健康安全成长的关切。对此，我们充分理解、感同身受。近年来，人民法院采取多种措施，依法严惩各类侵害未成年人的犯罪，全方位加强对未成年人的司法保护，切实有效防范和减少未成年人遭受犯罪侵害。

一是依法严惩侵害未成年人犯罪不手软。人民法院坚持对侵害未成年人犯罪零容忍，2023年审结侵害未成年人刑事案件4.1万件6.1万人，同比增长28.5%。对"姐弟坠亡案"被告人张某、叶某尘，假借恋爱性侵多名幼女的倪某群，线上"隔空猥亵"线下威逼强奸的王某山、孙某昌等，依法判处死刑，彰显人民法院对侵害未成年人犯罪坚决严惩的坚定立场。可以说，对每一起侵害未成年人的刑事案件，人民法院通过依法严惩犯罪分子，明确表达了"侵害孩子者，必严惩不贷"的鲜明态度。

二是加大对未成年被害人的帮扶救助。审理侵害未成年人刑事案件，不仅要依法严惩犯罪分子，还要重视对未成年被害人的帮扶救助。在办案过程中，人民法院会同政府有关部门、人民团体、社会组织等力量，对遭受犯罪侵害特别是性侵害或者暴力伤害的未成年被害人及其家庭，及时采取必要的心理干预、经济救助、法律援助、转学安置等保护措施，让未成年被害人感受到司法温度、社会温暖，早日走出阴影、回归正常生活。

三是明确法律政策依据。近年来，最高人民法院不断加强审判指导，通过制定司法解释、规范性文件及发布案例等多种形式，明确对侵害未成年人犯罪的定罪量刑标准和有关法律适用问题。相关司法政策充分体现了对未成年人的特殊、优先保护。《陈某某、刘某某故意伤害、虐待案》（指导性案例226号）相关裁判规则即是如此：明确与父（母）的未婚同居者处于较为稳定的共同生活状态的未成年人属于虐待罪中的"家庭成员"，实现刑法对所涉未成年人最大限度的保护；对经常性的虐待过程中直接致人轻伤以上的行为明确适用故意伤害罪，并可以视情与虐待罪并罚，以全面评价犯罪行为，最大限度罚当其罪；通过综合考量残疾等级、数量、所涉部位等情节，以及伤害后果对未成年人正在发育的身心所造成的严重影响等因素，可以突破一般故意伤害案件通常以六级以上残疾认定"严重残疾"的规则，正是为了最大限度保护未成年人利益。

问：《胡某某、王某某诉德某餐厅、蒋某某等生命权纠纷案》（指导性案例227号）是一件涉及违法向未成年人售酒并供其饮用引发损害后果的案例。请问该案例对促推禁止向未成年人售酒规定的落实有何意义？

答：未成年人饮酒是引发各方关注的社会问题。由于未成年人身心发育尚不成熟，酒精会对其神经产生更为严重的刺激和麻痹作用，使其自我控制和行动能力受限，影响健康成长。1999年公布的预防未成年人犯罪法即规定任何经营场所均不得向未成年人售酒。现行未成年人保护法第五十九条第一款亦明确禁止向未成年人售酒，并规定"对难以判明是否是未成年人的，应当要求其出示身份证件"。可见，不得向未成年人售酒已经成为法律明文规定的经营者禁止性义务。然而，向未成年人销售酒水的行为隐蔽性强、监管难度大，实践情形亦复杂多样，导致经营者违法向未成年人售酒的现象一直存在，甚至多数经营者并未意识到向未成年人售酒是法律明令禁止的行为，法律规定亟待落实到位。

在此背景之下，《胡某某、王某某诉德某餐厅、蒋某某等生命权纠纷案》（指导性案例227号）发布，有利于促推上述法律规定的落实到位。该案例明确："经营者违反法律规定向未成年人售酒并供其饮用，因经营者的过错行为导致未成年人饮酒后遭受人身损害的风险增加，并造成损害后果的，应当认定违法售酒行为与未成年人饮酒后发生的人身损害存在因果关系，经营者依法应当承担相应的侵权责任。"这就传递了清晰的司法规则，引导售酒者合法经营、强化社会责任、增强法律意识，避免因为违法售酒行为承担民事侵权责任。而且，经营者违法向未成年人售酒，还应依法承担相应行政责任。本案宣判后，人民法院即以司法建议方式向相关部门作了提醒。

本案中，未成年人胡某甲系初二学生，酒后游玩不慎溺水死亡。年轻鲜活生命的逝去，不仅使亲朋遭受极大精神痛苦，也是社会新生力量的不幸流失。胡某甲对自己的死亡存在重大过错。其监护人日常即有放任胡某甲饮酒的情形，且事故发生在周末放假期间，其疏于对胡某甲的管理教育，未履行好监护人职责，对胡某甲的溺亡应当自行承担90%的损失。本案例也警醒未成年人提升安全防范意识，提示监护人切实履行监护职责，从而促进强化未成年人的家庭和社会保护，让未成年人远离酒精伤害。

问：这是最高人民法院首次发布未成年人司法保护专题指导性案例。下一步，最高人民法院对做好未成年人审判工作有何考虑？

答：最高人民法院将以本专题案例的发布为契机，指导地方各级人民法院，充分发挥审判职能作用，继续加强未成年人案件审判工作，以积极履职促推家庭、学校、社会、网络、政府、司法保护融合发力，为未成年人健康成长营造良好法治和社会环境。

一是进一步加强对未成年人特殊、优先司法保护的力度。依法严惩各类侵害未成年人的违法犯罪，加大对未成年被害人的司法保护力度，让广大人民群众在每一起涉未成年人司法案件中都能感受到公平正义。坚持教育、感化、挽救的方针和教育为主、惩罚为辅的原则，做到

"宽容但不纵容",依法惩治未成年人犯罪,努力教育感化挽救失足未成年人。

二是加强审判指导。指导地方各级人民法院严格落实法律、司法解释、司法政策的规定,准确把握本批专题指导性案例的要旨和精神,切实做好相关案件的审判工作。与之同时,要围绕校园霸凌、性侵、虐待未成年人、网络保护等社会关注的热点、痛点问题,有针对性地加强调研,适时出台司法解释、司法政策,发布指导性案例、参考案例、典型案例,明确裁判标准、统一裁判尺度,确保每一起涉未成年人的案件依法公正审理。

三是加强法治宣传教育工作。要针对未成年人身心特点,适应时代发展,创新法治宣传的内容和形式,着力提升法治宣传的实效,增强未成年人的法律意识和自我保护能力。与此同时,要引导未成年人严格遵纪守法,树立和践行社会主义核心价值观,有效预防和减少违法犯罪的发生。

四是促推各类保护融合发力。要加强与有关部门的协作配合,融司法保护于家庭、学校、社会、网络和政府保护,构建保护未成年人的严密体系和有效合力。要针对未成年人保护的漏洞盲区和薄弱环节,结合侵犯未成年人刑事案件的办理,有针对性地向有关部门和单位提出司法建议,推动完善未成年人保护和社会治理体系,促进未成年人健康成长。

(来源:最高人民法院网站)

最高人民检察院
关于印发检察机关依法惩治涉工程建设领域黑恶犯罪典型案例的通知

(2024年5月8日)

各省、自治区、直辖市人民检察院，新疆生产建设兵团人民检察院：

为深入贯彻党的二十大精神和习近平法治思想，深化"检察护企"专项行动效果，在依法能动履职中践行人民至上，聚焦重点行业突出问题，持续加强工程建设领域涉黑涉恶犯罪惩治和预防工作，不断推进扫黑除恶斗争法治化、规范化、专业化，助力营造法治化营商环境，现组织选编了"虞某荣等人组织、领导、参加黑社会性质组织案"等4件典型案例，印发你们，供各地办案时参考借鉴。

检察机关依法惩治涉工程建设领域黑恶犯罪典型案例

案例一：虞某荣等人组织、领导、参加黑社会性质组织案

【关键词】

黑社会性质组织　组织犯罪　组织成员　诉源治理

【基本案情】

被告单位浙江杭州某市政工程有限公司。

被告人虞某荣，杭州某市政工程有限公司直接负责的主管人员。

被告人戴某松，杭州某市政工程有限公司法定代表人。

被告人王某成，浙江省某水泥有限公司法定代表人。

被告人吴某龙，浙江某建工集团有限公司法定代表人。

其他64名涉案人员及单位基本情况略。

1995年，被告人虞某荣因犯流氓罪被判刑。1997年刑满释放后，虞某荣先后结识了被告人吴某龙、王某成等人。2002年以来，虞某荣、王某成先后网罗了被告人戴某松、高某昌、杨某江、来某维、华某平等刑满释放人员和社会闲散人员。2009年9月，虞某荣、戴某松、王某成等人合谋，有组织地强迫杭州某建设集团有限公司转让股份，强行入股某房产项目，非法获利4180万元，在杭州市滨江区一带确立强势地位。后虞某荣、戴某松成立杭州某市政工程有限公司，开始涉足土方、市政等工程领域，有组织地通过违法犯罪活动在工程、土方领域建立非法秩序，攫取非法利益，逐步形成了以虞某荣、戴某松、王某成等人为组织者、领导者的黑社会性质组织。

与此同时，自2001年以来，被告人吴某龙先后网罗了被告人来某东、汤某云等人，多次实施强迫交易、寻衅滋事等违法犯罪活动。2009年12月，吴某龙组织的来某东加入以虞某荣等人为首的黑社会性质组织。2014年7月以来，为取得工程土方项目，吴某龙与虞某荣、戴某松等人合谋有组织地实施强迫交易等犯罪行为；吴某龙手下汤某云亦受虞某荣、戴某松指使实施串通投标犯罪行为，两股势力相互勾结、融合，以经济利益和工程项目为纽带，发展扩大成以虞某荣、戴某松、王某成、吴某龙为组织者、领导者，下有骨干成员10人、积极参加者17人、一般参加者35人的较为稳定的黑社会性质组织。

该黑社会性质组织内部层次分明,实行分层管理,以暴力为后盾排挤、打击竞争对手,"以黑护商",实施强迫交易、敲诈勒索、串通投标等违法犯罪活动,攫取巨额经济利益,壮大经济实力。该组织"以商养黑",将攫取的利益用于豢养组织成员,并为组织成员购买车辆、偿还赌债,为支持成员犯罪购买作案工具、提供逃匿经费、出资赔偿、摆平事端、提供治疗费用、安抚善后等,还组织成员聚会、娱乐、吸毒,通过安排组织成员承揽工程分配利益、笼络人心,并拉拢、腐蚀相关国家工作人员,以此维持组织的运行、发展。

该黑社会性质组织以暴力、威胁或者其他手段,为非作恶,欺压、残害群众,有组织地实施了走私武器、寻衅滋事、聚众扰乱社会秩序、敲诈勒索、聚众斗殴、故意伤害、非法拘禁、强迫交易、串通投标、开设赌场等违法犯罪事实170余起,涉案金额高达40余亿元,造成14人轻伤、8人轻微伤等严重后果。为谋求庇护,该组织多次行贿,拉拢、腐蚀相关国家工作人员,行贿金额合计700余万元,为组织实施违法犯罪活动提供非法保护。

该黑社会性质组织通过大量违法犯罪活动,非法控制杭州市滨江区一带的土方、市政绿化、土建等工程,干扰他人正常生产、经营、生活,在当地造成恶劣影响,严重破坏了当地经济、社会生活秩序,破坏了公平竞争环境;采取暴力、"软暴力"手段,非法逼讨债务,为非作恶,称霸一方,对当地群众形成心理强制、威慑,致使合法利益受损的群众不敢举报、控告,严重扰乱当地社会生活秩序;实施骗取贷款、虚开增值税专用发票等犯罪行为,造成国家巨额经济损失,严重扰乱当地经济秩序。该组织还通过拉拢、腐蚀国家工作人员,为其提供庇护,使其逃避打击,坐大成势,严重破坏了政府公信力和司法公正。

本案由浙江省公安厅于2018年5月7日立案,同日指定东阳市公安局侦查。该案虞某荣等14名被告人(组织者、领导者和骨干成员)及5个被告单位涉黑一案由金华市人民检察院于2019年6月11日向金华市中级人民法院提起公诉；其余积极参加者、一般参加者所涉案件由东阳市人民检察院于 2019 年 7 月向东阳市人民法院提起公诉。2019 年 12 月 24 日，金华市中级人民法院作出一审判决，以组织、领导黑社会性质组织罪、走私武器罪、聚众斗殴罪、寻衅滋事罪、敲诈勒索罪等罪名，数罪并罚，判处虞某荣等组织者、领导者和骨干成员无期徒刑、二十五年至八年不等有期徒刑，剥夺政治权利，并处没收个人全部财产的刑罚；涉黑案的积极参加者、一般参加者由东阳市人民法院作出一审判决，分别被判处十四年六个月至一年二个月不等有期徒刑，并处相应罚金的刑罚。判决后虞某荣等组织者、领导者提出上诉，浙江省高级人民法院于 2020 年 1 月 21 日裁定驳回上诉，维持原判。

【指控和证明犯罪】

在案件办理过程中，检察机关审查认为，虞某荣、戴某松、王某成、吴某龙等人组成的犯罪组织符合了黑社会性质组织的四个特征，应当认定为黑社会性质组织。主要难点问题集中在如何区分组织犯罪与个人犯罪、如何认定组织成员是否脱离组织等方面。

（一）依法准确区分组织犯罪和个人犯罪。该案控辩争议焦点之一为组织成员来某维、童某才、徐某等人 2012 年在被虞某荣安排到老挝波乔省金三角经济特区金木棉赌场帮忙期间，购买手枪携带回国并持有的行为能否认定为黑社会性质组织实施的行为。经审查认为，骨干成员来某维走私、购买枪支，骨干成员华某平非法持有枪支，组织成员童某才走私枪支均应认定系黑社会性质组织行为。理由有二：一是上述成员持枪行为均系在从事组织安排的任务期间实施的行为。虽然组织者、领导者虞某荣等人供述对上述行为事先不知情，但虞某荣等组织者、领导者一贯以来对于成员买卖、持有枪支持默许态度。虞某荣自己在老挝金三角地区私藏大量枪支，并在聚众斗殴、寻衅滋事等过程中使用过枪支，而虞某荣亦知道骨干成员来某维等人收集、把玩枪支，并将来某维走私入境的枪支要来自己把玩，因此其对来某维走私、持有枪支并用于该组织实施的其他犯罪持默许态度。二是涉案枪支被用于组织实施的犯罪活动，对扩大组织的影响力、确立强势地位起到重要作用。虞某荣等人默许来某维等组织成员持枪的心态，贯穿于整个组织发展过程中，助长了组织成员好勇斗狠的心理；华某平作为虞某荣黑社会性质组织中实施暴力性犯罪的关键成员，其持有枪支并由手下对外宣扬，对组织争夺势力范围、排除竞争对手、确立强势地位等方面起到了重要作用，致使他人不敢在土方、市政、土建等工程领域对抗虞某荣，客观上提高了组织的威慑力、影响力和控制力。如2014年童某才、徐某等人在虞某荣的帮助下为争夺土方工程项目，与他人发生聚众斗殴，使用从境外走私的枪支造成他人受伤。因此，组织成员实施的走私、持有枪支行为应当认定为该组织实施的犯罪。

（二）审慎甄别组织成员，依法认定组织成员是否脱离黑社会性质组织。该案控辩争议焦点之二为被告人徐某、童某才等人是否脱离组织。审判过程中，虞某荣、戴某松、王某成、来某维及各辩护人辩称，徐某因在老挝金木棉赌场管理中有不当行为被虞某荣安排回国后，双方已无任何关系，之后徐某的行为与虞某荣无关；作为徐某手下的童某才也非组织成员。经审查认为，组织成员徐某、童某才并未脱离该黑社会性质组织。脱离、退出黑社会性质组织要结合主客观两个方面综合认定，主观上看是否有脱离、退出组织的意愿和意思表示；客观上看是否不再参与组织活动、不再与组织成员保持联络、不再接受组织豢养、不再服从组织安排、调遣等。本案中，徐某从老挝回国之后在行为上并未和虞某荣团伙脱离联系，主观上徐某和虞某荣也都未认为相互之间已经脱离关系。在2012年砍伤陈某祥案件发生以后，虞某荣安排徐某到老挝为其管理境外赌博生意，但徐某未服从虞某荣的安排擅自从老挝回国，2014年因为与他人争抢土方工程寻求虞某荣帮助，并与他人聚众斗殴，后因此事坐牢，在此期间，虞某荣对徐某及其家人多方关照。一直到本案案发前,徐某一直作为虞某荣的"小弟"为其做事,并未脱离组织。童某才在老挝金木棉赌场期间作为徐某的"小弟",负责联系赌场公关部帮助赌客偷渡出入境、带客人赌博时兑换筹码等工作,在2014年抢夺土方工程时,伙同徐某与他人聚众斗殴,对该黑社会性质组织的发展和壮大起到了一定的促进作用,故现有证据证明童某才在主观上和客观行为上并未与组织脱离关系,徐某、童某才均系组织成员。

(三)依法区别处理,准确落实宽严相济刑事政策。在虞某荣黑社会性质组织实施的犯罪中,参与同某市政工程有限公司串通投标的单位有浙江某市政园林有限公司等14家单位以及沈某良等48名个人。这些单位和个人在杭州市滨江区的市政、园林绿化、土建等工程领域,自己或帮助他人采用收买公司、通过统一排标定价操控中标价格的方式,组织、纠集或参与围标71个工程,围标次数从1起到46起不等,工程总标的额超过60亿元,非法获利数万元至数百万元不等。检察机关对这些企业和个人,一是准确落实宽严相济刑事政策,对涉案人员及单位进行分类处理。经审查认为,上述企业均为工程建设领域内具有独立法人资格的民营企业,与以虞某荣等人为首的黑社会性质组织关系并不紧密,没有为该组织的发展壮大提供经济支撑,仅因迫于该组织在土方工程领域的垄断地位,或为赚取围标费、管理费参与投标、陪标或被裹挟参与围标,并未参与该组织的其他违法犯罪活动,不宜认定为黑社会性质组织成员。同时,根据在串通投标过程中的作用,将涉案人员、单位划分为组织者、纠集者、参与者,对以串通投标作为主要牟利手段和获利方式的组织者从严处理,依法对沈某良及某市政园林有限公司等17名围标组织者提起公诉;对被动参与串通投标的部分纠集者和一般参与者,根据犯罪情节依法作出轻缓处理,对30名个人及6家涉案企业作出不起诉决定,对部分提起公诉的提出轻缓量刑建议。二是制发刑事合规检察建议书,督促完善企业治理。检察机关在审查起诉阶段将企业内部合规制度建设纳入认罪认罚量刑考量,积极探索引导6家涉嫌串通投标但犯罪情节轻微且认罪认罚的建设施工企业，进行初步合规制度建设，在评估其社会危害性和再犯可能性基础上依法作出不起诉决定。在宣布不起诉决定后，为督促、引导涉案企业深化开展专项合规建设，向上述企业制发企业合规检察建议书，委托第三方组织对涉案企业的合规建设情况进行考察，企业专项合规建设工作取得良好成效，涉案上述企业规范经营，经济效益得到稳步提升。结合建设施工企业在招投标过程中存在的违规违法风险点，检察机关联合市发改局、公安局、住建局、行政服务中心管委会等多部门共同出台《建设施工企业投标合规指南》，引导建设施工企业加强投标合规管理，推动行业诉源治理，促进民营企业持续健康发展。

【典型意义】

（一）依法惩治工程建设领域黑社会性质组织。黑恶势力在工程建设领域非法控制、垄断土方土建、市政绿化等工程，衍生围标串标、违法转分包、行受贿等各类违法犯罪行为，破坏市场公平竞争环境，严重影响了国民经济健康发展。行为人依托公司等经济实体，以经济利益和工程项目为纽带形成人数较多、成员固定、层级分明、结构严密的犯罪团伙，以暴力为后盾排挤、打击竞争对手，实施强迫交易、敲诈勒索、串通投标、寻衅滋事、非法拘禁、聚众扰乱社会秩序等违法犯罪活动，攫取巨额经济利益，干扰百姓正常生产生活，对群众造成心理强制、威慑，形成非法控制或者重大影响，严重破坏当地经济、社会生活秩序的，可以依法认定为黑社会性质组织。

（二）全面准确落实宽严相济刑事政策妥善处理涉企案件。对迫于黑社会性质组织的垄断地位、重大影响，被裹挟参与围标的涉案企业，或为赚取围标费、管理费参与投标、陪标的其他企业人员，并未参与该组织的其他违法犯罪活动的，不宜认定为黑社会性质组织成员。对该类企业和人员要根据在串通投标过程中的作用，准确审慎区分处理，依法作出不起诉、提起公诉或者从宽处理。

案例二：曾某雄等人组织、领导、参加黑社会性质组织案

【关键词】

家族式黑社会性质组织　组织成员　刑事附带民事公益诉讼

【基本案情】

被告人暨刑事附带民事公益诉讼被告曾某雄，男，56岁，广东省五华县某实业有限公司、五华县某建设有限公司法定代表人，五华县某混凝土有限公司等远信系公司实际控制人。曾因犯故意伤害罪，被判处有期徒刑一年，缓刑一年六个月。

被告人曾甲（曾某雄次子）、曾乙（曾某雄长子）、李某东（曾某雄外甥）等其他25名被告人基本情况略。

20世纪90年代，曾某雄及其家族成员开始涉足广东省梅州市五华县建筑行业，参与当地一些工程项目建设。2003年，曾某雄为争夺五华县水寨镇工业园（系省级产业转移工业园、总规划面积20平方公里、落地企业近百家）工程项目，殴打工程负责人廖某菓致其轻伤，迫使其放弃该项目。曾某雄因此事被判刑，但其在缓刑考验期间，为控制工业园工程，继续实施违法犯罪行为。2005年，为推进工业园的项目施工，曾某雄纠集曾乙等人持械殴打进行土地维权的周某茂、曾甲辉等村民，造成曾甲辉重伤、多人受伤的严重后果。该案中曾某雄方未受到任何处理，周某茂方因其他案件被以敲诈勒索罪追究刑事责任，在当地造成恶劣社会影响。自此，曾某雄犯罪团伙在该工业园及周边地区取得强势地位并树立非法权威，以曾某雄为组织者、领导者，曾乙、曾某雄外

甥李某东、包甲明、包乙明等人为参加者的黑社会性质组织初步形成。此后该组织利用非法影响力继续在工业园区强揽工程牟利，不断发展壮大。曾某雄次子曾甲因犯抢夺罪被判刑，于2010年2月刑满释放后，协助曾某雄管理工程项目，依托其父亲曾某雄出资和前期形成的非法影响力，先后成立五华县某大酒店有限公司（外挂商号某酒吧）等企业，并以该酒吧等为聚集地，纠集曾某祥、李某等18名有前科、吸毒劣迹的社会闲散人员，实施了多起违法犯罪活动。

其间，曾某雄为攫取更大经济利益陆续成立五华县某实业有限公司、五华县某建设有限公司等18家远信系公司，均由其家族成员担任法定代表人或负责人。该组织成员大多在某酒吧担任内保或者在远信系其他公司任职，接受组织的领导和管理。该组织利用其非法影响力以及暴力威胁手段承揽工业园的厂房建设、土石方、混凝土、爆破等工程牟取暴利，并将所获经济利益用于组织成员福利、娱乐、购买作案工具等以维系组织的生存、发展。案发后，公安机关依法冻结和扣押了涉案银行资金、保险理财产品等约1900万元，依法对116处不动产和166辆汽车、重型工程车等限制交易，对未结清工程款约1.79亿元进行截留。

该组织长期通过暴力、威胁等手段欺压残害百姓，有组织地实施聚众斗殴、寻衅滋事、故意伤害、强迫交易等19起犯罪行为及大量违法活动，造成2人重伤、11人轻伤及多名群众受伤的严重后果；在多个工程项目施工过程中，以暴力为依托，组织多名成员到施工现场站场造势，强行施工。

该组织通过实施前述一系列违法犯罪活动，在工业园周边地区取得强势地位并树立非法威信，非法控制了工业园的大部分厂房建设、土石方、混凝土、爆破等工程，以致其他人在工业园做上述工程需要经过该组织同意或者跟该组织打招呼；对工业园及周边地区的群众形成心理威慑，致使众多违法犯罪活动的被害人及相关群众不敢举报、控告，对当地工程建设形成非法控制，形成重大影响，严重破坏当地经济秩序和社会生活秩序。如2012年，被害人李某希、李甲明获得工业园内铺设燃气管道的工程后，惧于曾某雄等人的势力，特意登门拜访曾某雄征得同意后才敢开始施工，但刚施工即被曾甲逼迫，不得已将该工程让予曾甲。工业园内的公司如想使用其他公司供应的混凝土，须事先跟远信系公司打招呼征得曾某雄同意后方能入场，否则会受到恐吓、干扰。

在该黑社会性质组织存续期间，为壮大产业、谋取更多利益，曾某雄、曾乙在未取得合法用地审批手续的情况下，通过挖毁、填埋林地及混凝土硬底化、兴建建筑物等方式，逐步对涉案农用地进行开发建设，造成涉案农用地原有耕作层、山体排水系统被毁坏，原有种植条件和生态系统被严重破坏。

本案由梅州市公安局、五华县公安局侦查终结，经梅州市人民检察院指定管辖，移送平远县人民检察院审查起诉。平远县人民检察院于2022年1月30日向平远县人民法院提起公诉，并对非法占用农用地的刑事被告人一并提起附带民事公益诉讼。同年10月27日，平远县人民法院对该案作出一审判决，以犯组织、领导、参加黑社会性质组织罪等犯罪，判处组织者、领导者曾某雄、曾甲有期徒刑二十五年，剥夺政治权利五年，并处没收个人全部财产的刑罚；其余被告人分别被判处十六年八个月至三年不等有期徒刑和相应财产刑；判决曾某雄、曾乙赔偿生态环境修复费用及生态系统服务功能损失1200余万元，承担鉴定评估费用，并公开赔礼道歉。一审宣判后，曾某雄、曾甲等部分被告人提出上诉。2023年4月23日，梅州市中级人民法院裁定驳回上诉，维持原判。

【指控和证明犯罪】

（一）依法认定家族式黑社会性质组织。本案的争议焦点之一是，是否将曾某雄和曾甲、曾乙父子3人纳入同一黑社会性质组织处理。该父子3人早年分家，因曾某雄重婚等原因，父子感情存有隔阂；该组织所涉公司形式上相互独立，分别由3人各自经营，3人名下公司业务范围不同，各公司有独立的财务制度。通过审查分析其内在联系，检察机关认为应当纳入同一组织处理，理由如下。

一是有共同的家族利益。3人基于父子关系共同维护家族利益。曾某雄作为家族的核心，利用其社会影响力和经济实力为曾甲和曾乙提供强有力的支持，3人对外分工协作共同壮大家族势力。如在组织形成的标志性事件员瑾村聚众斗殴案中，曾某雄为推进土方工程，纠集儿子曾乙、外甥李某东、包乙明等持械与对方斗殴，由此曾某雄及其家族成员在工业园区建立起强势地位。此后，曾某雄为攫取更大经济利益成立的远信系公司，也多由其儿子曾乙、曾甲、外甥李某东、李乙明挂名或参加管理，其外甥包乙明也利用某系公司非法影响力经商，反映出其内部是以家族血亲关系维系共同利益。在曾甲、曾乙等人组织多名组织成员为组织利益或插手他人纠纷实施的违法犯罪活动中，均由曾某雄出面帮助解决善后、予以资金支持和协调关系，帮助曾甲等人逃避惩罚。

二是有共同的组织经济利益。曾甲、曾乙名下公司得以生存和发展，主要依靠曾某雄及组织的非法影响力。一方面，曾甲和曾乙名下公司的注册资金来源于曾某雄；另一方面，3人名下公司虽业务范围不同，却存在密切联系。曾某雄通过其社会关系和社会影响力承揽工程，垄断民用爆炸品，从而顺利垄断工业园区的土石方工程，而曾甲、曾乙名下公司也顺理成章地承揽了相关的厂房建设、混凝土供应业务，3人名下公司实现共同受益。如2017年五华县冠华城建设，原承建公司因施工受阻挠，业主只能找曾某雄处理，曾某雄顺利接手该工程，后主体工程、站场、混凝土等分别由曾某雄、曾甲、曾乙负责，父子3人在组织威力庇佑下共同获利。

三是有共同的暴力支持。曾甲的某酒吧豢养了一批内保，由曾甲领导和管理，他们除为了曾甲名下公司利益实施违法犯罪活动外，也为曾某雄、曾乙名下公司强揽工程、排除妨碍顺利施工等提供暴力支持。如曾某雄公司承包水寨镇黄狮新村安置区工程，为防止有人维权闹事，曾甲安排内保人员曾某源等人到场站场造势，保障工程顺利进行。2015年曾某雄控制的某爆破公司在碧桂园二期施工过程中遇到村民阻挠，曾乙、曾甲得知消息后召集多人在某酒吧商议，并于次日纠集上百人到施工现场殴打被害人李某芳等人，用铁锤等工具砸毁李某芳家大门，冲入住宅后肆意毁坏门窗，造成1人轻伤、2人轻微伤。

（二）严格甄别，依法认定涉案公司员工是否属于组织成员。本案的争议焦点二是，涉案公司员工能否认定为黑社会性质组织的成员。该案不少涉案人员受聘在远信系公司任职，领取的工资并不高，公司对其管理比较松散，这部分人员有的相互之间不认识，有的甚至不认识曾某雄、曾甲等组织者、领导者，仅或多或少地参与黑社会性质组织的违法犯罪活动，是否认定为黑社会性质组织成员存在争议。检察机关根据涉案人员的主观认识、地位、作用和客观行为综合分析、区别处理。

一是对主观上知道该组织以实施违法犯罪活动为重要内容，且多次参与组织违法犯罪活动、情节严重的，依法认定为组织成员。如本案被告人李某认为其协助曾甲管理某酒吧是正常经营行为，其不属于黑社会性质组织成员。但在案证据证实，某酒吧是该黑社会性质组织的聚集地，也是该组织内保人员发放工资、娱乐、提供作案工具的场所，李某作为某酒吧经营管理者之一，对某酒吧员工的主要活动非常清楚，在管理员工过程中也起到主要作用；其明知曾甲多次组织实施违法犯罪活动，仍跟随曾甲参加与酒吧正常经营活动无关的违法犯罪活动，也明知事后该组织会出面兜底，故认定其为黑社会性质组织成员。被告人曾某源、曾乙辉、李某阳等作为某系公司工作人员，虽领取的工资不高，但入职公司的时间较长，多次参加故意伤害、寻衅滋事、妨害公务等较为重大的组织违法犯罪活动，应认定为黑社会性质组织成员。

二是对参与组织行为次数少、情节轻微的，不应认定为组织成员。如公司员工李乙明系曾某雄外甥，但其只是某实业有限公司、某劳务有限公司显名股东之一，仅在 2005 年参加员瑾村聚众斗殴案，此后未参与该组织其他违法犯罪活动，故不认定为黑社会性质组织成员。酒吧保安戴某强、戴某等人，虽然接受被告人李某管理，但仅参与了个别情节轻微的站场活动，领取正常的工资，没有加入黑社会性质组织的意愿，认定为个案共犯或者参加者，不认定为黑社会性质组织成员。

（三）全面挽损，依法准确提起附带民事公益诉讼。该案中，曾某雄、曾乙非法占用五华县水寨镇员瑾村鸡鸣山地块，并损毁地块总面积34万余平方米，损毁农用地面积32万余平方米，损毁程度属重度损毁类型，被以非法占用农用地罪提起公诉并建议判处罚金。同时，针对生态环境受损未得到修复等情况，检察机关依据民事诉讼法提起刑事附带民事公益诉讼。检察机关诉请赔偿生态环境修复费用977.45万元、截至2022年5月底的生态系统服务功能损失150.54万元，并从2022年6月1日起，以每年增加75.96万元为标准，赔偿至生态环境修复费用支付到位为止的生态系统服务功能损失，将由被告违法行为造成的，启动生态修复工作前所必须经历的起诉、判决、执行等诉讼程序期间，纳入生态系统服务功能损失持续计算时间。上述全部诉讼请求均获法院采纳支持。

【典型意义】

（一）围绕四个特征认定家族式黑社会性质组织。家族式黑社会性质组织的认定不仅要看家族成员基于血缘关系形成的共同利益，更应围绕黑社会性质组织罪四个特征，综合分析家族成员之间的关系、家族成员间的分工、联系与协作支持等方面情况，进而明确是否同属一个黑社会性质组织。家族成员之间以血缘、家族关系为纽带，有明确的组织者、领导者，暴力行为和经济利益相互交织、相互交融，对外形成合一的组织影响力，应当认定为同一黑社会性质组织。

（二）依法区别处理涉黑组织开办公司中工作的人员。对在黑社性质组织者、领导者所开办公司工作的人员，应结合其主观认识、地位、作用和客观行为综合分析、区别处理。在组织开办的公司中工作的人员，对组织的恶名、实施违法犯罪活动和规约有一定认知，多次参加与本职工作无关的较为重大的组织违法犯罪活动的，可以认定为黑社会性质组织的成员；对主要通过提供正常的劳务、投资等方式获取报酬，参与组织违法犯罪活动较少或者情节轻微的人员，不应认定为黑社会性质组织的成员。

案例三：周甲等人组织、领导、参加黑社会性质组织案

【关键词】

黑社会性质组织　　组织成员　　强迫交易情节特别严重　　诉源治理

【基本案情】

被告人周甲，男，38岁，湖南长沙某环保物流有限公司股东，长沙某砂石渣土运输有限公司法定代表人、股东，曾因犯抢劫罪被判处有期徒刑八年，因殴打、威胁他人被行政处罚。

被告人周乙，男，35岁，长沙某砂石渣土运输有限公司股东，曾因犯聚众斗殴罪被判处有期徒刑三年，因威胁、恐吓他人被行政处罚。

其他21名被告人基本情况略。

2013年至2018年，周甲、周乙两兄弟以家族关系为纽带，以经济利益笼络部分社会闲散人员以及个别公职人员，采取暴力或以暴力相威胁的手段，在湖南省长沙市岳麓区（现湘江新区）洋湖片区一带打压行业竞争对手、阻挠行政机关执法、强揽项目建设土方工程，并有组织地实施故意伤害、聚众斗殴、强迫交易、敲诈勒索等违法犯罪活动21

起，逐渐形成以周甲、周乙为组织者、领导者，李某杰、莫某等为骨干成员，刘某宇、阳某民等人为积极参加者，刘某文、刘某昌等人为一般参加者的黑社会性质组织。

为坐大成势、称霸一方，该组织惯于"以黑护商""以商养黑"。周甲先后于2015年8月和2018年10月成立长沙某环保物流运输有限公司和长沙某砂石渣土运输有限公司，以公司形式管理组织成员，将相关组织成员"变身"为公司股东、高管或安排在公司任职，按照公司规章制度管控组织成员和分配红利、支付薪酬，并为受到打击处理的组织成员"接风洗尘""红包慰问"，形成了听从指挥、随叫随到、有事汇报、出事由组织"摆平"等行事惯例。为把控当地商业项目土方工程业务，该组织以环保物流、渣土运输等公司为幌子实施犯罪攫取"黑财"，仅强迫交易、敲诈勒索犯罪涉案金额就高达3000余万元、违法所得590余万元；案发后，扣押涉案车辆11辆，查封房屋26套，冻结银行账户46个、账户金额共计1750余万元，冻结股权价值1150万元。

为逃避打击、长期存续，该组织主要通过聚众造势、语言威胁、堵门阻工等"软暴力"行为，以"谈判""协商""调解"等方式对被害人形成心理强制和威慑，逼迫他人退出已承揽的工程项目，强行入股他人承揽的工程项目，或者在承揽工程项目后故意拖延工期且拒不退场，故意制造"僵局"迫使项目方将后续项目继续交由其承揽。2013年至2018年，洋湖生态新城出让地块的建设或在建工程项目17个，周甲、周乙等人参与商业项目土方工程9个，占洋湖新城项目总数的53%，其中有6个以暴力、威胁等手段强揽所得，3个利用组织"威名"承揽所得，另对其他2个商业工程项目实施了堵门、阻工行为，意图强揽项目土方工程，迫使对方支付"退场费"，敲诈勒索他人财物，造成了当地商业项目土方工程没有周甲、周乙等人的同意或者参与就无法顺利实施，其他单位、个人也不敢来洋湖街道承揽土方工程的非法控制局面。

在此基础上，为进一步把控当地土方工程的准入、退出、经营，该组织"软硬兼施"，或以行贿、送礼、分红等方式拉拢基层群众自治组织工作人员，或殴打行业主管部门工作人员阻挠执法，造成群众和正当经营企业的合法利益遭受侵害后，不敢通过正当途径举报、控告，严重干扰、破坏了国家机关、行业管理部门以及基层群众自治组织工作秩序和当地经济、社会生活秩序。

本系列案由长沙市公安局直属分局于2018年9月4日立案侦查。2019年7月2日，长沙市公安局将该案指定宁乡市公安局管辖。同年9月23日，宁乡市公安局以周甲、周乙等人涉嫌组织、领导、参加黑社会性质组织、强迫交易、敲诈勒索等罪移送宁乡市人民检察院审查起诉。宁乡市人民检察院于2020年6月5日向宁乡市人民法院提起公诉。同年9月7日，宁乡市人民法院作出一审判决，以犯组织、领导黑社会性质组织罪、聚众斗殴罪、强迫交易罪、敲诈勒索罪、对非国家工作人员行贿罪等犯罪，分别判处周甲、周乙有期徒刑二十一年和十七年，剥夺政治权利五年，并处没收个人全部财产的刑罚；其他成员分别被判处十二年至十一个月不等有期徒刑，并处罚金的刑罚。判决后，部分被告人上诉。同年11月23日，长沙市中级人民法院裁定驳回上诉，维持原判。

【指控和证明犯罪】

（一）坚持"不漏不凑"，严格区分涉案人员系商业合作伙伴还是涉黑犯罪组织成员。工程建设领域涉黑组织在发展壮大以及利用组织"威名"实施违法犯罪过程中，往往设立公司法人，具有合法经营外观，组织者、领导者或其他组织成员经常联合其他单位和个人开展承包经营、合伙承揽工程项目等经济行为，经济交往具有一定复杂性。对其他单位或个人是否应当认定为黑社会性质组织的成员，是本案争议焦点之一。在办理该案过程中，检察机关坚持主客观相统一原则，逐一分析涉案人员的主观意愿、服从程度、参与次数、职务分工、获利多少等因素，重点审查：一是涉案人员主观上是否明知。根据涉案人员与涉黑组织的组织者、领导者或者其他成员的特定关系、交往时间、合作程度等，审查涉案人员是否知道或者应当知道对方是以实施违法犯罪为基本活动内容的组织。二是涉案人员是否参与黑社会性质组织的犯罪活动。依靠有组织的违法犯罪活动，达到对经济、社会生活进行非法控制、重大影响，并实现攫取非法利益的目的，是黑社会性质组织区别于其他犯罪组织的本质特征。涉案人员是否长期、多次参与有组织的违法犯罪活动，是与该涉黑组织之间存在关系的重要标志。三是涉案人员是否与涉黑组织之间存在相对固定的从属关系。重点审查涉案人员是否和组织者、领导者周甲、周乙二人保持较稳定的分层管理关系，并受该组织的管理和纪律约束。本案中，余某加、赵某德、周丙、刘某等7人以合伙经营或出资入股的形式与周甲、周乙等人共同承揽工程项目，并按照约定的出资比例分配利润，侦查机关认定该7人均为黑社会性质组织成员。检察机关依法审查认为，余某加、赵某德等5人均系洋湖街道本地人，明知周甲、周乙等人成立的公司系以实施违法犯罪为基本活动内容的组织，在当地土方工程领域业已形成非法权威，为借势谋取不法利益而依附于该组织，合伙承揽工程项目；听从周甲、周乙的指挥、安排，共谋强迫交易、敲诈勒索等犯罪活动，并按照事先分工直接参与违法犯罪，持续时间长达两年；在实施违法犯罪和瓜分违法所得过程中，实际处于被领导、管理、指挥的地位，应当认定为黑社会性质组织的成员。周丙、刘某两人虽主观上也明知周甲、周乙等人系以实施违法犯罪为基本活动内容的组织，但与周甲、周乙等人在工程承揽事项以外接触交往较少，参与相关工程建设项目运作、管理的程度不深，在涉案公司任职的相关组织成员并不听从其安排、调配，获利数额与该行业正常投资获利的情况基本相符，所涉犯罪也不属于由周甲、周乙等人主导的违法犯罪，无确实、充分证据证明该二人受该组织纪律规约的约束。同时，周丙在其他地方另外承揽土方工程项目，有自己独立的施工团队，一定程度上与周甲、周乙存在竞争关系。综合上述情况，检察机关依法未认定周丙、刘某为黑社会性质组织的成员，仅对该二人涉嫌的强迫交易犯罪和对非国家工作人员行贿犯罪，分别依法提起公诉。人民法院采纳了检察机关上述指控意见。

（二）依法认定强迫交易"情节特别严重"，做到罚当其罪。工程建设领域涉黑组织为维系运转、豢养成员，需要不断承揽工程建设项目，以攫取源源不断的非法经济利益，达到"以商养黑"目的。一旦通过正常的市场竞争行为无法承揽工程项目，往往需要借助暴力、威胁等手段进行强揽。根据刑法第二百二十六条强迫交易罪的立案标准，强迫交易3次以上或者强迫3人以上交易的，强迫交易数额一万元以上或者违法所得数额二千元以上的，属于强迫交易"情节严重"的情形之一。本案中，该组织于2013年至2018年先后实施强迫交易6次，涉及金额3000余万元，已达到强迫交易"情节严重"的标准，但是否属于"情节特别严重"存有疑问。现有司法解释暂未明确强迫交易行为"情节特别严重"的具体情形，司法办案中对此也认识不一。检察机关审查认为，认定强迫交易行为是否属于"情节特别严重"情形，应结合强迫交易次数、涉案金额、违法所得数额、作案手段、持续时间，特别是对市场秩序的破坏程度，根据罪责刑相适应原则作出整体评价。办案中，重点审查：一是强迫交易的次数及数额。强迫交易的次数及数额是能够直观评价其行为严重程度的要素，如个别省份根据实践总结明确了以"情节严重"数额标准的10倍以上或者强迫交易10次以上作为"情节特别严重"情形之一。二是犯罪手段恶劣程度。重点审查在强迫交易过程中是否直接使用了暴力、是否导致他人受伤、是否组织多人实施以及是否长期对他人实施暴力、威胁等。三是破坏市场秩序程度。强迫交易罪作为扰乱市场秩序类犯罪，是否控制当地行业市场或者对市场氛围有重大影响，是衡量该行为社会危害性的重要方面。经审查，本案中,该黑社会性质组织强迫交易及违法所得数额超"情节严重"标准1000倍以上;在相关项目土石方工程中,通过发放"出场费",煽动当地几十名村民到现场阻工闹事,堵门阻工前后长达一个多月,致使工程项目进度严重拖延,性质极其恶劣,社会影响大;实施的6次强迫交易犯罪时间跨度长达五年,范围涉及洋湖街道多数商业项目土方工程,造成当地土方工程没有该组织同意或参与就无法顺利实施、其他单位或个人也不敢承揽的非法控制局面。其涉案金额大、持续时间长、涉及范围广、社会影响恶劣,应当认定为"情节特别严重"。人民法院采纳了检察机关有关"情节特别严重"的指控意见。

(三)依法能动履职,做深做实诉源治理。针对洋湖街道工程建设领域存在的黑恶势力非法排除和限制竞争、干预市场主体正常生产经营活动的情形,检察机关依法向有关单位发出关于进一步优化当地营商环境的检察建议书,督促联合开展专项排查整治,及时移送违法犯罪线索,并针对性开展"以案说法"警示教育活动,释明通过堵门阻工、煽动闹事等手段强揽工程的社会危害性和刑事违法性,提高辖区经营主体和人民群众法治意识。同时,检察机关与其他机关开展共建共治,联合公安、人社、住建、民政等6部门出台《关于加强行政执法与刑事司法衔接 促进工程建设领域依法健康发展的若干意见》(以下简称《意见》),明确划分职责范围,建立责任倒查机制,区分对象确定惩治措施,对违法犯罪企业和个人依法追究行政、刑事责任、列入不良记录档案,对公职人员充当"保护伞"等7种行为一律移交纪检监察机关处理或依法追究刑事责任。《意见》特别强调适用行政处罚与刑事处罚共同打击工程建设领域犯罪,归纳检察机关应当制发检察建议并督促落实的六种情形,督促职能部门尽职履责,从源头上整治行业乱象。

【典型意义】

(一)区别处理与黑恶势力有合作关系的单位或人员。对与黑社会性质组织组织者、领导者或者骨干成员有投资入股、项目合作、工程承揽等经济关系的人员，是否认定为黑社会性质组织成员，应当注重审查行为人主观上是否明知公司是以实施违法犯罪为基本活动内容的组织、客观上是否参与黑社会性质组织犯罪活动、是否与涉黑组织之间存在相对固定的从属关系。对明知组织"威名"并谋求加入，接受组织领导、管理并形成依附从属关系，长期、多次参与组织违法犯罪活动的人员，可以认定为黑社会性质组织成员。对明知该组织以实施违法犯罪为基本活动内容，但没有加入组织的意愿，仅以签订或正常履行商业合同为交往，基本不参与或仅参与少量违法活动的项目合作方，不宜认定为黑社会性质组织的成员，构成其他犯罪的，应当按照具体犯罪处理。

（二）以案促治协同发力推动完善扫黑除恶长效机制。检察机关应当坚持以案促治，深刻剖析黑恶势力滋生的原因、规律和社会治理的漏洞，研究对策建议，通过制发检察建议、构建联动机制等方式，会同主管部门积极参与诉源治理，净化行业生态，构建防范黑恶势力滋长成势的长效机制。

案例四：李某梅等人恶势力犯罪集团故意毁坏财物、寻衅滋事案

【关键词】

恶势力犯罪集团　拆迁　组织成员　组织犯罪

【基本案情】

被告人李某梅，女，43岁，山东某路政工程有限公司实际控制人。曾因盗窃、绑架、贩卖毒品、开设赌场等犯罪，先后4次被判刑入狱。

被告人孙某，35岁，无业。

被告人李某鹏，31岁，无业。

其他10名涉案人员基本情况略。

2016年4月被告人李某梅刑满释放后，通过淄博市临淄区雪宫街道办事处原副主任崔某勇（另案处理）的关系，开始承揽雪宫街道办事处辖区内的拆迁等工程。其利用自身曾多次被打击处理的恶名，纠集、笼络刑满释放人员及社会闲散人员，在2年多时间内，实施6次故意毁坏财物、5次寻衅滋事、1次非法侵入住宅等犯罪行为，造成较为恶劣的社会影响，形成了以被告人李某梅为首要分子，被告人孙某、李某鹏等人积极参与的"强拆"恶势力犯罪集团。

该犯罪集团成员分工明确，李某梅系总指挥，孙某和李某鹏直接听命于李某梅，另外，还有具体实施破门强拆的"内围人员"以及站场壮势的"外围人员"。被告人李某梅在接到崔某勇的通知后，会召集集团的骨干成员"开会"商量拆迁方案，通过多次上门滋扰、着黑衣"文身"谈判、电话骚扰、威胁等手段迫使拆迁户屈服。对于未达成协议的拆迁户，纠集多人将其控制后，采用破门侵入、强行搬离、强制架离、殴打等手段达到拆迁目的。如为迫使被害人秦某国同意拆迁，李某梅安排他人将十几条蛇扔到被害人家中，开车跟踪、故意制造交通事故拦停被害人，被害人阻拦强拆时，被强行拖出房屋并被殴打致轻微伤。为了笼络骨干成员，李某梅还实施了容留他人吸毒、妨害作证等犯罪行为，为非作恶，欺压百姓，扰乱经济、社会秩序，造成了恶劣的社会影响。

本案由山东省淄博市公安局临淄分局侦查终结，以被告人李某梅等人涉嫌组织、领导黑社会性质组织罪、故意毁坏财物罪、寻衅滋事罪、妨害作证罪、容留他人吸毒罪于2019年3月18日移送审查起诉。淄博市临淄区人民检察院于2019年10月8日以被告人李某梅等人犯故意毁坏财物罪、非法侵入住宅罪、寻衅滋事罪、容留他人吸毒罪，构成恶势力犯罪集团，向临淄区人民法院提起公诉。同年12月30日，临淄区人民法院作出一审判决，认定李某梅等人构成恶势力犯罪集团，以犯故意毁坏财物罪、非法侵入住宅罪、寻衅滋事罪、容留他人吸毒罪等犯罪，数罪并罚，判处李某梅有期徒刑七年六个月，并处罚金人民币一万元；对其余被告人分别判处五年六个月至二年不等有期徒刑，并处相应的财产刑。宣判后，被告人李某梅上诉。2020年2月26日，淄博市中级人民法院裁定驳回上诉，维持原判。

【指控和证明犯罪】

（一）介入侦查引导取证，准确把握涉黑恶组织的证据要求。本案因涉及"拆迁"领域，社会影响大、群众关注度高且有涉黑嫌疑，临淄区人民检察院派办案组提前介入，紧紧围绕黑社会性质组织"四个特征"认定标准，提出针对性引导取证意见，侦诉合力构建以证据为中心的指控体系。重点审查：一是组织稳定性和严密性是否达到黑社会性质组织犯罪组织性特征的认定标准。经审查，李某梅犯罪组织结构相对松散，没有严格的管理制度，除相对固定的骨干成员外，组织成员多为社会混混、痞子，实施违法犯罪时一般都是李某梅临时开会分配任务，召集骨干人员临时纠集人员参与，部分参与人员系被临时雇用，并未与李某梅形成豢养与被豢养、管理与被管理的关系。同时，该组织尚未形成严密的组织纪律，也无约定俗成的规约、帮规。如在集团实施犯罪过程中，允许骨干成员根据个人时间自主决定是否参加；有的骨干成员（如常某仲）经常单独自行或纠集其他人员实施违法犯罪活动。二是李某梅等人通过违法犯罪获取的经济利益是否用于豢养组织成员。证据显示，该犯罪集团主要是采取"坐地分赃"方式进行分配，且主要用于个人生活支出，较少用于维持该组织生存和发展。三是暴力性是否达到控制威慑一方的程度。李某梅等人主要实施的是停水停电、砸楼道玻璃、制造噪声滋扰等"软暴力"手段，仅有两起体现出了暴力性，并造成两人轻微伤的危害后果。同时，本案被侵犯的对象多为拆迁范围内的少数拆迁户，相对特定，组织实施的寻衅滋事、故意毁坏财物、非法侵入他人住宅3项罪名，系根据强拆对象身份等不同情况而采用的程度不同的犯罪行为。四是是否在一定区域或者行业内形成非法控制或重大影响。李某梅犯罪组织实施的违法犯罪集中在少数政府工程且为特定的拆迁辖区，其实施的违法犯罪活动并未牵涉承揽工程之外的其他领域，侵犯的主要是在政府拆迁工程中对于政府的拆迁政策不认可、拒绝搬迁的拆迁户，并未影响除拆迁户之外的其他人的正常生活，虽然一定程度上干扰了经济、社会生活秩序，但未对一定区域或行业形成非法控制或造成重大影响。综上所述，检察机关认为，该组织成员较多，有明显的首要分子，重要成员相对固定，为获取非法利益，经常纠集在一起多次实施故意毁坏财物等违法犯罪活动，已达到恶势力"为非作恶、欺压百姓"的认定标准且具有犯罪集团特征，但未达到黑社会性质组织犯罪认定标准，应认定为恶势力犯罪集团。

（二）准确认定恶势力犯罪集团犯罪事实，做到不枉不纵。本案的第二个焦点问题是李某梅恶势力犯罪集团实施的所有与工程有关的行为是否均应认定为犯罪行为。该案公安机关移送起诉该犯罪集团实施的37笔涉拆迁犯罪事实中，有14笔挖沟、挖地槽的事实被认定为寻衅滋事犯罪行为。检察机关审查后认为，现有证据能够证实，该犯罪集团参与的部分土方、垃圾清运、拆迁工程，系其与政府签订工程承接协议、被拆迁人员与政府签订赔偿协议后实施的，对于上述拆除、施工行为不能一概认定为犯罪行为。主要考虑：该行为虽然客观上造成被害人出行不便，逼迫其同意拆迁，但相关工程的负责人和经办人证言，以及李某梅等人供述，均证实该集团成员挖地槽系正常施工行为，其中并无强制拆除、强制搬离、故意毁坏他人财物的违法犯罪行为，且都已经重新接好。以上行为虽客观上确实给被害人造成交通不便，但无法证实犯罪集团寻衅滋事的主观故意，不能将其认定为犯罪。此外，有12起事实的被害人称,其签订拆迁协议,是因为李某梅犯罪集团打砸其他拆迁户玻璃后造成了心理恐惧被迫签订协议,但在案无其他证据相佐证,且相关事实被告人均未供述,证据不足,无法将该类事实认定为犯罪。对于该犯罪集团在桑家坡、胜辛生活区、临园生活区等拆迁工地实施的11笔犯罪事实,包括2起使用消防斧暴力破门或利用铲车破窗进入被害人家中控制被害人后,强制拆除房屋;1起强行控制被害人不能接近拆迁现场,对被害人房屋强行拆除;4起通过殴打、拖出被害人后利用拆车、挖掘机强行拆除房屋以及4起因被害人阻止强拆,而采取扔蛇恐吓、开车尾随拦停殴打被害人、言语恐吓、开车尾随上访人员制造交通事故滋事等,已造成十余名被害人人身、财产损失,严重影响了拆迁户的正常生活,对多数未搬迁的住户群众形成心理强制、威慑,群众敢怒不敢言,甚至被迫签订拆迁协议,社会危害性大,应当追究其刑事责任。

(三)依法准确认定恶势力犯罪集团成员。本案的第三个焦点问题是,是否将全部参与人员认定为恶势力犯罪集团的组织成员。检察机关首先厘清各个涉案人员参与犯罪集团的时间、参与原因、参与程度、具体行为、有无拉人入伙、个人获利情况等,划分不同层级,避免因"一刀切"认定不当扩大惩治范围。经审查,确定李某梅组织、领导多人多次实施寻衅滋事犯罪,系犯罪集团的首要分子;确定积极参与集团犯罪活动组织、指挥其他人员实施故意毁坏财物、非法侵入住宅、寻衅滋事等犯罪的,如李某鹏、刘某俊、孙某、胡某佳等人为第二层级人员,为该犯罪集团的重要成员;明知是恶势力犯罪集团而参加,多次参与故意毁坏财物、非法侵入住宅等暴力拆迁活动的张某辉、边某鹏、王某龙、耿某等人为第三层级人员。对于被临时纠集参加犯罪活动的第四层级人员,重点审查主观上是否明知或者应当知道该组织是以实施违法犯罪为基本活动内容的组织,并自愿接受其管理。根据以上原则判断,冷某昌、路某明、路某文等人,因系临时被纠集,只参与一两次在外围"站场子"活动,平时跟李某梅没有从属关系,年龄较小、社会阅历浅、参与时间短，系为谋生而误入该犯罪组织，主观上不明知是违法犯罪行为，依法不认定为恶势力犯罪集团的组织成员。

（四）准确区分集团犯罪和个人犯罪，确保罪责刑相适应。本案的第四个焦点问题，李某梅作为该恶势力犯罪集团的首要分子，是否应当对其集团成员实施的所有个案承担刑事责任。根据我国刑法第二十六条第三款之规定，对组织、领导犯罪集团的首要分子，按照集团所犯的全部罪行处罚。"全部罪行"应该是指犯罪集团所犯的全部罪行，而非犯罪集团成员实施的全部罪行。本案所涉犯罪集团内部管理松散，部分成员为了牟取个人利益，利用李某梅在临淄区"大姐大"的名声为非作歹、聚众斗殴、肆意滋事。如骨干成员常某仲纠集多人单独成立的地下"出警队"，既参与李某梅犯罪集团故意毁坏财物的违法犯罪活动，又单独实施了10起强奸等犯罪行为，形成了以常某仲为首要分子的另一个恶势力犯罪集团。又如骨干成员曲某在组织之外实施聚众斗殴一次、寻衅滋事1次，造成2人轻伤、1人轻微伤的犯罪后果。但上述行为李某梅并不知情，也未组织、策划、指挥或参与实施，上述犯罪行为不是为集团利益所实施，与组织利益无关，事后也并未得到李某梅的追认，对该犯罪集团的发展壮大没有帮助作用。综上所述，对于上述非其本人组织、领导、参与实施的聚众斗殴、寻衅滋事等犯罪行为，不能认定为犯罪集团所犯的"全部罪行"，李某梅不应对其集团成员实施的上述个人罪行负责。

【典型意义】

（一）从严惩治拆迁领域黑恶势力，维护人民群众合法权益。拆迁作为城市发展改旧建新的重要环节，关乎群众切身利益。"黑拆迁"的背后往往有黑恶势力参与，"不明身份社会人员"组成的犯罪集团进行助拆、逼签、暴力强拆，严重损害党和政府形象，应当依法惩处。对笼络刑满释放人员及社会闲散人员，经常纠集在一起，在拆迁领域中多次实施暴力或者"软暴力"强拆、非法侵入他人住宅等违法犯罪活动，影响未拆迁居民正常生活，造成群众心理恐惧和恐慌，扰乱经济社会秩序，造成较为恶劣的社会影响，尚未达到在一定区域或行业内形成非法控制或者造成重大影响，符合恶势力犯罪集团标准的，可以依法认定为恶势力犯罪集团。

（二）依法准确认定犯罪集团的犯罪事实和集团成员。在办理黑恶案件中，要准确区分没有社会危害性的正常业务行为和犯罪行为，以及为了个人利益实施的犯罪和为集团利益实施的犯罪。对于集团成员为了个人利益，实施的该犯罪集团意志以外的其他犯罪，应由个人负责，不应认定为犯罪集团所犯的罪行。对于参与犯罪集团时间短、参与程度不深、对犯罪集团缺乏明确认识、具体行为情节较轻、个人获利较少的，不宜认定为恶势力犯罪集团成员。

最新立法司法动态

反洗钱法（修订草案）征求意见

十四届全国人大常委会第九次会议对《中华人民共和国反洗钱法（修订草案）》进行了审议。现将《中华人民共和国反洗钱法（修订草案）》公布，社会公众可以直接登录中国人大网（www.npc.gov.cn）或国家法律法规数据库（flk.npc.gov.cn）提出意见，也可以将意见寄送全国人大常委会法制工作委员会（北京市西城区前门西大街1号，邮编：100805。信封上请注明反洗钱法修订草案征求意见）。征求意见期限为30日。

中华人民共和国反洗钱法（修订草案）

第一章 总 则

第一条 为了预防和遏制洗钱以及相关犯罪活动，维护国家安全、社会公共利益和金融秩序，制定本法。

第二条 本法所称反洗钱，是指为了预防和遏制通过各种方式掩饰、隐瞒犯罪所得及其收益的来源和性质的洗钱活动，以及相关犯罪活动,依照本法规定采取相关措施的行为。

预防和遏制恐怖主义融资活动适用本法;其他法律另有规定的,适用其规定。

第三条 反洗钱工作应当贯彻落实党和国家路线方针政策、决策部署,坚持总体国家安全观,完善监督管理体制机制,健全风险预防体系。

第四条 在中华人民共和国境内(以下简称境内)设立的金融机构和依照本法规定应当履行反洗钱义务的特定非金融机构,应当依法采取预防、监控措施,建立健全反洗钱内部控制制度,履行客户尽职调查、客户身份资料和交易记录保存、大额交易和可疑交易报告、反洗钱特别预防措施等反洗钱义务。

第五条 任何单位和个人不得从事洗钱活动或者为洗钱活动提供便利,并应当配合金融机构和特定非金融机构依法开展的客户尽职调查,依照本法规定采取反洗钱特别预防措施。

第六条 国务院反洗钱行政主管部门负责全国的反洗钱监督管理工作。国务院有关部门在各自的职责范围内履行反洗钱监督管理职责。

国务院反洗钱行政主管部门与国务院有关部门、国家监察机关和司法机关在反洗钱工作中应当相互配合。

第七条 对依法履行反洗钱职责或者义务获得的客户身份资料和交易信息、反洗钱调查信息等反洗钱信息,应当予以保密,不得向任何单位和个人提供,法律、行政法规另有规定的除外。

国家有关机关使用反洗钱信息应当依法保护国家秘密、商业秘密和个人信息。

第八条 履行反洗钱义务的机构及其工作人员依法开展提交大额交易和可疑交易报告、采取洗钱风险管理措施等工作,受法律保护。

第九条 反洗钱行政主管部门会同国家有关机关有针对性地开展反

洗钱宣传教育活动，向社会公众宣传洗钱活动的违法性、危害性及其表现形式等，增强社会公众对洗钱活动的防范意识和识别能力。

任何单位和个人发现洗钱活动，有权向反洗钱行政主管部门、公安机关或者国家有关机关举报。接受举报的机关应当对举报人和举报内容保密。

在预防、遏制洗钱活动方面作出突出贡献的单位和个人，由反洗钱行政主管部门按照国家有关规定给予表彰和奖励。

第十条 中华人民共和国境外（以下简称境外）发生的洗钱和恐怖主义融资活动危害中华人民共和国主权和安全，侵犯中华人民共和国公民、法人和其他组织合法权益，或者扰乱境内金融秩序的，依照本法以及相关法律规定处理并追究法律责任。

第二章 反洗钱监督管理

第十一条 国务院反洗钱行政主管部门组织、协调全国的反洗钱工作，负责反洗钱的资金监测，制定或者会同国务院有关金融管理部门制定金融机构反洗钱管理规定，监督检查金融机构履行反洗钱义务的情况，在职责范围内调查可疑交易活动，履行法律和国务院规定的有关反洗钱的其他职责。

国务院反洗钱行政主管部门的派出机构在国务院反洗钱行政主管部门的授权范围内，对金融机构履行反洗钱义务的情况进行监督检查。

第十二条 国务院有关金融管理部门参与制定所监督管理的金融机构反洗钱管理规定，履行法律和国务院规定的有关反洗钱的其他职责。

有关金融管理部门应当在金融机构市场准入中落实反洗钱审查要求。在监督管理工作中发现金融机构违反反洗钱规定的，应当将线索移送反洗钱行政主管部门，并配合其进行处理。

第十三条 国务院有关特定非金融机构主管部门制定或者国务院反洗钱行政主管部门会同其制定特定非金融机构反洗钱管理规定。

有关特定非金融机构主管部门监督检查特定非金融机构履行反洗钱义务的情况，处理反洗钱行政主管部门提出的反洗钱监督管理建议，履行法律和国务院规定的有关反洗钱的其他职责。有关特定非金融机构主管部门根据需要，可以提请反洗钱行政主管部门协助其监督检查。

第十四条 国务院反洗钱行政主管部门设立反洗钱监测分析机构。反洗钱监测分析机构开展反洗钱资金监测，负责接收、分析大额交易和可疑交易报告，移送分析结果，并按照规定向国务院反洗钱行政主管部门报告工作情况，履行国务院反洗钱行政主管部门规定的其他职责。

反洗钱监测分析机构根据依法履行职责的需要，可以要求履行反洗钱义务的机构补充提供与大额交易和可疑交易相关的信息。

第十五条 国务院反洗钱行政主管部门为履行反洗钱职责，可以从国家有关机关获取所必需的信息，国家有关机关应当依法提供。

国务院反洗钱行政主管部门应当向国家有关机关定期通报反洗钱工作情况，依法向履行与反洗钱相关的监督管理、行政调查、监察调查、刑事诉讼等职责的国家有关机关提供所必需的反洗钱信息。

第十六条 出入境人员携带的现金、无记名支付凭证等超过规定金额的，应当主动向海关申报。海关发现个人出入境携带的现金、无记名支付凭证等超过规定金额的，应当及时向反洗钱行政主管部门通报。

前款规定的申报范围、金额标准以及通报机制等，由国务院反洗钱行政主管部门、国务院外汇管理部门按照职责分工会同海关总署规定。

第十七条 法人、非法人组织应当及时更新并保存受益所有人信息，按照规定向登记机关如实提交并及时更新受益所有人信息。反洗钱行政主管部门、登记机关按照规定管理受益所有人信息。

反洗钱行政主管部门、国家有关机关为履行职责需要，可以依法使用受益所有人信息。金融机构和特定非金融机构在履行反洗钱义务时依法查询核对受益所有人信息。使用受益所有人信息应当依法保护国家秘密、商业秘密和个人信息。

第十八条 反洗钱行政主管部门和其他依法负有反洗钱监督管理职责的部门发现涉嫌洗钱以及相关违法犯罪的交易活动,应当移送有管辖权的机关处理。接受移送的机关应当按照有关规定反馈处理结果。

第十九条 反洗钱行政主管部门为履行本法规定的职责,可以采取下列监督检查措施:

(一)进入金融机构进行现场检查;

(二)询问金融机构的工作人员,要求其对有关被检查事项作出说明;

(三)查阅、复制金融机构与被检查事项有关的文件、资料,对可能被转移、隐匿或者毁损的文件、资料予以封存;

(四)检查金融机构的计算机网络与信息系统,调取、保存金融机构的计算机网络与信息系统中的有关数据、信息。

进行现场检查,应当经国务院反洗钱行政主管部门或者其设区的市一级以上派出机构负责人批准。检查人员不得少于二人,并应当出示执法证件和检查通知书;检查人员少于二人或者未出示执法证件和检查通知书的,金融机构有权拒绝接受检查。

第二十条 反洗钱行政主管部门根据依法履行职责的需要,可以要求金融机构报送履行反洗钱义务的情况,对金融机构实施风险监测、评估,并就金融机构执行本法以及相关管理规定的情况进行评价。

反洗钱行政主管部门根据依法履行职责的需要,可以采取下列措施:

(一)约谈金融机构的董事、监事、高级管理人员以及反洗钱工作直接负责人,要求其就业务活动和风险管理的重大事项作出说明;

（二）对金融机构存在的风险和问题进行监管提示；

（三）对金融机构履行反洗钱义务和整改情况进行核实。

第二十一条　国务院反洗钱行政主管部门会同国家有关机关开展国家、行业洗钱风险评估，及时监测新型洗钱风险，根据风险状况配置反洗钱监管资源，采取相应的风险防控措施。

第二十二条　对存在严重洗钱风险的国家或者地区，国务院反洗钱行政主管部门可以在征求国家有关机关意见的基础上，经国务院批准，将其列为洗钱高风险国家或者地区，并采取相应的风险防控措施。

第二十三条　履行反洗钱义务的机构可以依法成立反洗钱自律组织。反洗钱自律组织接受国务院反洗钱行政主管部门的指导和监督，与相关行业自律组织协同实施反洗钱领域的自律管理。

第二十四条　提供反洗钱咨询、技术、专业能力评价等服务的机构，应当在国务院反洗钱行政主管部门的指导下勤勉尽责、恪尽职守地提供服务，维护数据安全，保护个人信息。

第三章　反洗钱义务

第二十五条　金融机构应当依照本法规定建立健全反洗钱内部控制制度，设立专门机构或者指定内设机构牵头负责反洗钱工作，评估洗钱风险状况并制定相应的风险管理制度和流程，建立健全相关信息系统，根据经营规模和洗钱风险状况配备相应的人员，按照要求开展反洗钱培训、宣传。

金融机构应当通过内部审计或者社会审计等方式，监督反洗钱内部控制制度的有效实施。金融机构的负责人对反洗钱内部控制制度的有效实施负责。

第二十六条　金融机构应当按照规定建立客户尽职调查制度，通过尽职调查了解客户身份、交易背景和风险状况。

金融机构不得为身份不明的客户提供服务或者与其进行交易，不得为客户开立匿名账户或者假名账户，不得为冒用他人身份的客户开立账户。

第二十七条 有下列情形之一的，金融机构应当识别并采取合理措施核实客户及其受益所有人身份，了解客户建立业务关系和交易的目的：

（一）与客户建立业务关系或者为客户提供规定金额以上的一次性金融服务；

（二）有合理理由怀疑客户及其交易涉嫌洗钱等违法犯罪活动；

（三）对先前获得的客户身份资料的真实性、有效性、完整性存在疑问。

前款规定情形涉及较高洗钱风险的，金融机构还应当了解相关资金来源和用途。

第二十八条 在业务关系存续期间，金融机构应当持续关注并评估客户整体状况及交易情况，了解客户的洗钱风险，并及时采取相应的尽职调查和洗钱风险管理措施。

本法所称洗钱风险管理措施，包括持续监测、核实客户及其交易情况，限制交易方式、金额或者频次，限制业务类型，拒绝办理业务，终止业务关系等。金融机构采取洗钱风险管理措施应当符合有关规定，不得采取与风险状况明显不符的管理措施。

第二十九条 客户由他人代理办理业务的，金融机构应当核实代理关系的存在，识别并核实代理人的身份。

金融机构与客户订立人身保险、信托等合同，合同的受益人不是客户本人的，金融机构应当同时识别并核实受益人的身份。

第三十条 金融机构依托第三方开展客户尽职调查的，应当评估第三方的风险状况及其履行反洗钱义务的能力。第三方具有较高风险情形或者不具备履行反洗钱义务能力的，金融机构不得依托其开展客户尽职调查。

金融机构应当确保第三方已经采取符合本法要求的客户尽职调查措施。第三方未采取符合本法要求的客户尽职调查措施的，由该金融机构承担未履行客户尽职调查义务的法律责任。

第三方应当向金融机构提供必要的客户尽职调查信息，并配合金融机构持续开展客户尽职调查。

第三十一条 金融机构进行客户尽职调查，可以通过反洗钱行政主管部门、公安机关以及市场监督管理、民政、税务、移民管理、电信管理等部门依法核实客户身份等有关信息。

第三十二条 金融机构应当按照规定建立客户身份资料和交易记录保存制度。

在业务关系存续期间，客户身份资料发生变更的，应当及时更新。

客户身份资料在业务关系结束后、客户交易信息在交易结束后，应当至少保存十年。

金融机构解散、被撤销或者被宣告破产时，应当将客户身份资料和客户交易信息移交国务院有关部门指定的机构。

第三十三条 金融机构应当按照规定执行大额交易报告制度，客户单笔交易或者在一定期限内的累计交易超过规定金额的，应当及时向反洗钱监测分析机构报告。

金融机构应当按照规定执行可疑交易报告制度，制定监测标准，及时有效识别、分析可疑交易活动，并向反洗钱监测分析机构提交可疑交易报告。

第三十四条 金融机构应当在反洗钱行政主管部门的指导下，关注、评估运用新技术、新产品带来的洗钱风险，根据情形采取相应的洗钱风险管理措施。

第三十五条 在境内外设有分支机构或者控股其他金融机构的金融机构，以及金融控股公司，应当在总部或者集团层面建立统一的反洗钱制度。为履行反洗钱义务在公司内部、集团成员之间共享反洗钱信息的，应当明确信息共享机制，并确保相关信息不被用于反洗钱和反恐怖主义融资以外的用途。

第三十六条 与金融机构存在业务关系的单位和个人应当配合金融机构的尽职调查，提供真实有效的身份证件或者其他身份证明文件，准确、完整填报身份信息，如实提供与交易和资金相关的资料。

单位和个人拒不配合金融机构依照本法采取的合理尽职调查措施的，金融机构有权采取限制或者拒绝办理业务、终止业务关系等洗钱风险管理措施，并根据情况提交可疑交易报告。

第三十七条 单位和个人对金融机构采取洗钱风险管理措施有异议的，可以向金融机构提出。金融机构收到后应当在二十日内进行核查、处理，并将结果书面答复当事人。逾期未收到书面答复，或者对处理结果不满意的，可以向反洗钱行政主管部门投诉或者依法向人民法院提起诉讼。

第三十八条 任何单位和个人应当按照国家有关机关要求对下列名单所列对象采取反洗钱特别预防措施：

（一）国家反恐怖主义工作领导机构认定并由其办事机构公告的恐怖活动组织和人员名单；

（二）外交部发布的执行联合国安理会决议通知中涉及定向金融制裁的组织和人员名单；

（三）国务院反洗钱行政主管部门认定或者会同国家有关机关认定的，具有重大洗钱风险、不采取措施可能造成严重后果的组织和人员名单。

对前款第一项规定的名单有异议的，当事人可以依照《中华人民共和国反恐怖主义法》规定申请复核。对前款第二项规定的名单有异议的，当事人可以按照有关程序提出除名申请。对前款第三项规定的名单有异议的，当事人可以向作出名单决定的部门申请行政复议；对行政复议决定不服的，可以依法提起行政诉讼。

本法所称反洗钱特别预防措施，包括立即停止与名单所列对象及其代理人、受其指使的组织和人员、其直接或者间接控制的组织进行交易，立即限制相关资金、资产转移等。

本条第一款规定的名单所列对象可以按照规定向国家有关机关申请使用被限制的资金、资产用于生活、医疗等必要开支。采取反洗钱特别预防措施应当保护善意第三人合法权益，善意第三人可以依法进行权利救济。

第三十九条 金融机构应当识别、评估相关风险并制定相应的制度，及时获取前条第一款规定的名单，对客户及其交易对象进行核查，采取相应措施，并向反洗钱行政主管部门报告。

第四章 反洗钱调查

第四十条 国务院反洗钱行政主管部门或者其设区的市一级以上派出机构发现涉嫌洗钱的可疑交易活动或者违反本法规定的其他行为，需要调查核实的，或者国家有关机关依法请求反洗钱行政主管部门协助调查的，经国务院反洗钱行政主管部门或者其设区的市一级以上派出机构负责人批准，可以向金融机构、特定非金融机构发出调查通知书，参照本法第十九条第二款规定的程序开展反洗钱调查。

反洗钱行政主管部门对特定非金融机构进行调查的，必要时可以请求有关特定非金融机构主管部门予以协助。

金融机构、特定非金融机构应当配合反洗钱调查，在规定时限内如实提供有关文件和资料。

第四十一条 国务院反洗钱行政主管部门或者其设区的市一级以上派出机构开展反洗钱调查，可以采取下列措施：

（一）询问金融机构、特定非金融机构有关人员，要求其说明情况；

（二）查阅、复制被调查对象的账户信息、交易记录和其他有关资料；

（三）对可能被转移、隐匿、篡改或者毁损的文件、资料予以封存。

询问应当制作询问笔录。询问笔录应当交被询问人核对。记载有遗漏或者差错的，被询问人可以要求补充或者更正。被询问人确认笔录无误后，应当签名或者盖章；调查人员也应当在笔录上签名。

调查人员封存文件、资料，应当会同金融机构、特定非金融机构的工作人员查点清楚，当场开列清单一式二份，由调查人员和金融机构、特定非金融机构的工作人员签名或者盖章，一份交金融机构、特定非金融机构，一份附卷备查。

第四十二条 经调查仍不能排除洗钱以及相关犯罪嫌疑的，或者经资金监测认为涉嫌犯罪的，应当及时向有管辖权的机关移送；接受移送的机关应当依照法律和有关规定反馈处理结果。

客户转移调查所涉及的账户资金的，国务院反洗钱行政主管部门认为必要时，经其负责人批准，可以采取临时冻结措施。

接受移送的机关接到线索后，对已依照前款规定临时冻结的资金，应当及时决定是否继续冻结。接受移送的机关认为需要继续冻结的，依照相关法律规定采取冻结措施；认为不需要继续冻结的，应当立即通知国务院反洗钱行政主管部门，国务院反洗钱行政主管部门应当立即通知金融机构解除冻结。

临时冻结不得超过四十八小时。金融机构在按照国务院反洗钱行政主管部门的要求采取临时冻结措施后四十八小时内，未接到国家有关机关继续冻结通知的，应当立即解除冻结。

第五章　反洗钱国际合作

第四十三条　中华人民共和国根据缔结或者参加的国际条约，或者按照平等互惠原则，开展反洗钱国际合作。

第四十四条　国务院反洗钱行政主管部门根据国务院授权，负责组织、协调反洗钱国际合作，代表中国政府参与有关国际组织活动，依法与境外相关机构开展反洗钱合作，交换反洗钱信息。

国家有关机关在职责范围内开展反洗钱国际合作。

第四十五条　涉及追究洗钱犯罪的司法协助，由国家有关机关依照《中华人民共和国国际刑事司法协助法》、《中华人民共和国刑事诉讼法》等有关法律的规定办理。

第四十六条　国家有关机关在依法调查洗钱和恐怖主义融资活动过程中，按照对等原则或者经与有关国家协商一致，可以要求在境内开立代理行账户或者与我国存在其他密切金融联系的境外金融机构予以配合。

第四十七条　外国国家、组织未按照对等原则，也未与我国协商一致，直接要求境内金融机构提交客户身份资料、交易信息，扣押、冻结、划转境内资金、资产，或者作出其他行动的，金融机构不得擅自遵从，并应当及时向国务院有关金融管理部门报告。

除前款规定外，外国国家、组织基于合规监管的需要，要求境内金融机构提供概要性合规信息、经营信息等信息的，境内金融机构向国务院有关金融管理部门和国家有关机关报告后可以提供或者予以配合。

前两款规定的资料、信息涉及重要数据和个人信息的，还应当符合国家数据安全管理、个人信息保护有关规定。

第六章　法律责任

第四十八条　反洗钱行政主管部门和其他依法负有反洗钱监督管理职责的部门从事反洗钱工作的人员有下列行为之一的，依法给予处分：

（一）违反规定进行检查、调查或者采取临时冻结措施；

（二）泄露因反洗钱知悉的国家秘密、商业秘密或者个人信息；

（三）违反规定对有关机构和人员实施行政处罚；

（四）其他不依法履行职责的行为。

第四十九条　金融机构有下列情形之一的，由国务院反洗钱行政主管部门或者其设区的市一级以上派出机构责令限期改正；情节严重或者逾期未改正的，给予警告，并处二十万元以上二百万元以下罚款，根据情形在职责范围内或者建议有关金融管理部门限制或者禁止其开展相关业务：

（一）未按照规定建立健全反洗钱内部控制制度；

（二）未按照规定设立专门机构或者指定内设机构牵头负责反洗钱工作；

（三）未按照规定根据经营规模和洗钱风险状况配备相应人员；

（四）未按照规定开展洗钱风险评估或者健全相应的风险管理制度；

（五）未按照规定制定、完善可疑交易监测标准；

（六）未按照规定建设、完善反洗钱相关信息系统；

（七）未按照规定开展反洗钱内部审计或者社会审计；

（八）未按照规定开展反洗钱培训；

（九）金融机构的负责人未能有效履行反洗钱职责；

（十）其他未落实反洗钱内部控制制度要求的情形。

第五十条 金融机构有下列行为之一的，由国务院反洗钱行政主管部门或者其设区的市一级以上派出机构责令限期改正，给予警告，并处五十万元以上五百万元以下罚款，根据情形在职责范围内或者建议有关金融管理部门限制或者禁止其开展相关业务：

（一）为身份不明的客户提供服务、与其进行交易，为客户开立匿名账户、假名账户，或者为冒用他人身份的客户开立账户；

（二）未按照规定报告明显可疑的交易；

（三）未按照规定对洗钱高风险情形采取相应风险管理措施；

（四）未按照规定采取反洗钱特别预防措施；

（五）违反保密规定，查询、泄露有关信息；

（六）拒绝、阻碍反洗钱监督管理、调查，或者提供虚假、误导性材料；

（七）篡改、伪造或者无正当理由删除客户身份资料、交易记录；

（八）自行或者协助客户以拆分交易等方式故意规避履行反洗钱义务。

第五十一条 除前条规定的违法行为外，金融机构有下列行为之一的，由国务院反洗钱行政主管部门或者其设区的市一级以上派出机构责令限期改正；情节严重或者逾期未改正的，给予警告，并处二十万元以上二百万元以下罚款：

（一）未按照规定开展客户尽职调查；

（二）未按照规定保存客户身份资料和交易记录；

（三）未按照规定报告大额交易；

（四）未按照规定报告可疑交易。

第五十二条 金融机构违反本法规定，致使犯罪所得及其收益通过本机构得以掩饰、隐瞒的，或者致使恐怖主义融资后果发生的，由国务院反洗钱行政主管部门或者其设区的市一级以上派出机构责令限期改正，涉及金额不足一千万元的，处二百万元以上一千万元以下罚款；涉及金额一千万元以上的，处涉及金额百分之五十以上二倍以下罚款；情节严重的，反洗钱行政主管部门可以根据情形在职责范围内实施或者建议有关金融管理部门实施责令停业整顿、吊销经营许可证等处罚。

第五十三条 国务院反洗钱行政主管部门或者其设区的市一级以上派出机构依照本法第四十九条至第五十一条规定对金融机构进行处罚的，还可以根据情形对负有责任的董事、监事、高级管理人员或者其他直接责任人员单处或者并处警告、二万元以上二十万元以下罚款；情节严重的，反洗钱行政主管部门可以根据情形在职责范围内实施或者建议有关金融管理部门实施取消其任职资格、禁止其从事有关金融行业工作等处罚。

国务院反洗钱行政主管部门或者其设区的市一级以上派出机构依照本法第五十二条规定对金融机构进行处罚的，还可以根据情形对负有责任的董事、监事、高级管理人员或者其他直接责任人员处二十万元以上一百万元以下罚款；情节严重的，反洗钱行政主管部门可以根据情形在职责范围内实施或者建议有关金融管理部门实施取消其任职资格、禁止其从事有关金融行业工作等处罚。

前两款规定的金融机构董事、监事、高级管理人员或者其他直接责任人员能够证明自己已勤勉尽责采取反洗钱措施的，可以不予处罚。

第五十四条 金融机构违反本法第四十七条规定擅自采取行动的，由国务院有关金融管理部门处五十万元以上五百万元以下罚款；造成损失的，并处所造成直接经济损失一倍以上五倍以下罚款。对负有责任的董事、监事、高级管理人员或者其他直接责任人员，可以由国务院有关金融管理部门单处或者并处警告、五万元以上五十万元以下罚款。

境外金融机构违反本法第四十六条规定，对国家有关机关的调查不予配合的，国家有关机关可以建议国务院反洗钱行政主管部门参照本法第五十条第六项、第五十三条第一款规定进行处罚，并可以根据情形将其列入本法第三十八条第一款第三项规定的名单。

第五十五条 金融机构以外的单位和个人未依照本法第三十八条规定履行反洗钱特别预防措施义务的，由国务院反洗钱行政主管部门或者其设区的市一级以上派出机构责令限期改正；情节严重的，给予警告或者处二万元以上二十万元以下罚款。

法人、非法人组织未按照规定向登记机关提交受益所有人信息的，由登记机关责令限期改正；拒不改正的，处五万元以下罚款。向登记机关提交虚假或者不实的受益所有人信息，或者未按照规定及时更新受益所有人信息的，由国务院反洗钱行政主管部门或者其设区的市一级以上派出机构责令限期改正；拒不改正的，处五万元以上二十万元以下罚款。

第五十六条 国务院反洗钱行政主管部门综合考虑金融机构的经营规模、勤勉尽责程度、违法行为持续时间、危害程度以及整改情况等因素，制定本法相关行政处罚裁量基准。

第五十七条 特定非金融机构及相关从业人员违反本法规定的，参照本法第四十九条至第五十三条规定进行处罚，具体标准由国务院有关特定非金融机构主管部门、国务院反洗钱行政主管部门制定。

第五十八条 违反本法规定，构成犯罪的，依法追究刑事责任。

第七章 附 则

第五十九条 本法所称金融机构，是指在境内设立的银行业、证券期货业、保险业金融机构，非银行支付机构以及其他由国务院反洗钱行政主管部门确定并公布的从事金融业务的机构。

第六十条 本法所称特定非金融机构,是指:

(一)提供房屋销售、房屋买卖经纪服务的房地产开发企业或者房地产中介机构;

(二)接受委托为客户办理买卖不动产,代管资金、证券或者其他资产,代管银行账户、证券账户,为成立、运营企业筹措资金以及代理买卖经营性实体业务的会计师事务所、律师事务所、公证机构;

(三)从事贵金属、宝石现货交易的交易商;

(四)其他由国务院反洗钱行政主管部门会同国务院有关部门根据洗钱风险状况确定的需要履行反洗钱义务的机构。

上述特定非金融机构在从事前款规定的特定业务时,应当参照本法第三章关于金融机构的相关规定履行反洗钱义务,根据洗钱风险状况采取相应的反洗钱措施。

第六十一条 本法所称受益所有人,是指最终拥有或者实际控制法人、非法人组织,或者享有法人、非法人组织最终收益的自然人。具体认定标准由国务院反洗钱行政主管部门会同国务院有关部门制定。

第六十二条 本法自 年 月 日起施行。

最新法律文件解读丛书
稿　　约

　　最新法律文件解读丛书是一套以为最新法律规范提供同步"解读"为主的系列丛书，分为刑事、民事、商事、行政与执行4个分册，按月出版。

　　本丛书以"解读"为重点，突出全、专、新、快、准等特点，通过对最新出台的法律、法规、司法解释、部门规章以及重要地方性法规进行同步动态解读，弥补了法律、法规、司法解释汇编类出版物没有同步阐释、解读内容的不足，为广大读者学习理解最新法律规范，正确贯彻执行法律文件，及时解决实践中的新情况、新问题，提供一个全方位、多层面的法律信息平台。

　　欢迎您向以下栏目赐稿：

　　【最新法律文件解读】主要是对最新颁行的法律文件进行解读，帮助司法和执法人员正确理解法律文件的立法背景、意义、重点内容、在适用中应注意的问题、与相关法律文件的衔接与互动关系等。

　　【司法实务问题研究】主要刊登对司法理论、实务及司法管理工作中的热点、疑难问题进行研究及评论的文章。

　　【新类型疑难案例选评】主要是对司法和行政执法实践中具有典型性和代表性的疑难案例，结合具体案情以及审理或处理结果进行简练精辟的点评，解析认识问题的方法、处理问题的法律依据和在个案中的具体适用。

　　【法学前沿与新视点】以摘要的形式刊登相关法学理论研究的最新动态及具有代表性和典型性的前沿问题，扩展法学研究的深度和广度。

　　【法律适用问题解答】主要针对司法和行政执法实践中面临的新问题、热点问题、疑难问题进行简要的解答，指出涉及的法律关系，明确法律适用依据。

　　稿件一经刊用即付稿酬，稿酬从优。

《刑事法律文件解读》　　　杨晓燕　邮箱：5184621@qq.com
《民事法律文件解读》　　　杨　洁　邮箱：1216921515@qq.com
《商事法律文件解读》　　　路建华　邮箱：shangshijiedu@126.com
《行政与执行法律文件解读》　丁塞峨　邮箱：1290312696@qq.com

人民法院出版社
最新法律文件解读丛书编辑部

人民法院出版社 2024 年连续出版物

中国审判指导丛书

1.《刑事审判参考》
最高人民法院刑事审判第一庭、第二庭、第三庭、第四庭、第五庭共同主办。全年 6 辑，每辑 68.00 元，共 408.00 元。

2.《民事审判指导与参考》
最高人民法院民事审判第一庭编。全年 4 辑，每辑 68.00 元，共 272.00 元。

3.《商事审判指导》
最高人民法院民事审判第二庭编。全年 2 辑，每辑 68.00 元，共 136.00 元。

4.《立案工作指导》
最高人民法院立案庭编。全年 2 辑，每辑 68.00 元，共 136.00 元。

5.《审判监督指导》
最高人民法院审判监督庭编。全年 2 辑，每辑 68.00 元，共 136.00 元。

6.《知识产权审判指导》
最高人民法院民事审判第三庭编。全年 2 辑，每辑 68.00 元，共 136.00 元。

7.《涉外商事海事审判指导》
最高人民法院民事审判第四庭编。全年 2 辑，每辑 68.00 元，共 136.00 元。

8.《中国少年司法》
最高人民法院少年法庭指导小组编。全年 4 辑，每辑 68.00 元，共 272.00 元。

9.《执行工作指导》
最高人民法院执行局编。全年 4 辑，每辑 68.00 元，共 272.00 元。

10.《国家赔偿与司法救助办案指导》
最高人民法院赔偿委员会办公室编。全年 2 辑，每辑 68.00 元，共 136.00 元。

最新法律文件解读丛书
《刑事法律文件解读》《民事法律文件解读》《商事法律文件解读》《行政与执行法律文件解读》
人民法院出版社编。全年 12 辑，每辑 28.00 元，共 336.00 元。

判解研究系列

1.《判解研究》
中国人民大学民商事法律科学研究中心主办，著名民法学家王利明教授主编，CSSCI 来源集刊。全年 4 辑，每辑 68.00 元，共 272.00 元。

2.《刑事法判解》
北京大学法治与发展研究院刑事法治研究中心主办，著名刑法学家陈兴良教授主编，车浩教授任执行主编。全年 2 辑，每辑 68.00 元，共 136.00 元。

3.《刑事法判解研究》
北京师范大学刑事法律科学研究院编。全年 2 辑，每辑 68.00 元，共 136.00 元。

司法从业人员案头必备权威工具书

1.《司法文件选》
最高人民法院研究室编。全年 12 辑，每辑定价 8.00 元，共 96.00 元。

2.《司法文件选解读》
最高人民法院研究室编。全年 12 辑，每辑定价 10.00 元，共 120.00 元。

3.《司法文件选(2023 年合订本)》
最高人民法院研究室编。本书定价 82.00 元。

4.《司法文件选解读(2023 年精选集)》
最高人民法院研究室编。本书定价 86.00 元。

银行汇款方式：
开户银行：工行北京国家文化与金融合作示范区金街支行
账号：0200000709004606170
开户名称：人民法院出版社有限公司
传真：010-67550541
上述图书，邮购请加 15% 邮费。

邮局汇款方式：
邮编：100745
地址：北京市东城区东交民巷 27 号
联系人：人民法院出版社有限公司
咨询电话：010-67550595　67550536